LES ENSEIGNEMENTS

D'ANNE DE FRANCE

A SA FILLE SUSANNE DE BOURBON

Lith. C. Desrosiers, Moulins

LES ENSEIGNEMENTS
D'ANNE DE FRANCE
DUCHESSE DE BOURBONNOIS ET D'AUVERGNE
A SA FILLE
SUSANNE DE BOURBON

EXTRAIT D'UNE ÉPISTRE CONSOLATOIRE A KATERINE DE NEUFVILLE, DAME DE FRESNE, SUR LA MORT DE SON PREMIER ET SEUL FILZ, TEXTE ORIGINAL PUBLIÉ D'APRÈS LE MS. UNIQUE DE SAINT-PÉTERSBOURG, ET SUIVI DES CATALOGUES DES BIBLIOTHÈQUES DU DUC DE BOURBON EXISTANT AU XVI° SIÈCLE TANT A AIGUEPERSE QU'AU CHATEAU DE MOULINS, ET D'UN GLOSSAIRE,

PAR A.-M. CHAZAUD, ARCHIVISTE DE L'ALLIER

REPRODUCTION DES MINIATURES ORIGINALES D'APRÈS LES DESSINS
DE M. A. QUEYROY.

MOULINS
C. DESROSIERS, IMPRIMEUR-ÉDITEUR
MDCCCLXXVIII

INTRODUCTION

I

DESCRIPTION DU MSS. UNIQUE DE SAINT-PÉTERSBOURG. — CONJEC-
TURE SUR LE NOM DE L'ARTISTE CHARGÉ DE L'ENLUMINER. —
ÉDITION PRINCEPS DU XVIᵉ SIÈCLE ; COMPARAISON DU TEXTE
QU'ELLE FOURNIT AVEC CELUI DU MSS.

E manuscrit original des *Enseignements de la duchesse de Bourbon, Anne de France, à sa fille Susanne*, se trouve aujourd'hui à la Bibliothèque publique de Saint-Pétersbourg, où il a été déposé depuis peu avec le reste de la collection Dubrowski, conservée jusque-là au palais de l'Ermitage.

Selon toute apparence, ce curieux volume a dû être donné pour étrennes à la dernière duchesse de Bourbon par sa mère, en janvier 1504 ou 1505, fort peu de temps, en tout cas, avant son mariage, qui est du mois de mai 1505.

Voici la description qu'en fait le *Livret de l'Ermitage*, page 83, sous la cote 5 (2:42), XVᵉ siècle :

« La parfaite amour, instructions de la dame de Beaujeu à sa fille
» Susanne; extraict d'une epistre consolatoire transmise à une dame
» nommée Katerine de Neufville, dame de Frêne, sur la mort et
» trespas de son premier et seul fils (il est fait mention dans ce mss.
» de la défense de Brest, mais ce n'est point le vrai titre).

» Petit in-4º (0,139 de large sur 0,206 de haut) de 111 ff. velin.
» 2 grandes miniatures et 17 petites ; lettres ornées : Dans la première
» grande miniature, ecusson armorié de la dame de Beaujeu, assise,
» instruisant sa fille Susanne.

» Mss. exécuté, sans doute, sous les yeux de l'auteur. Les armes
» de Bourbon-Beaujeu figurent au vº du 1ᵉʳ feuillet. On lit sur la
» garde la signature de Susanne de Bourbon, suivie de vers en son
» honneur. On voit sur la seconde garde les chiffres et monogramme
» de cette princesse avec des devises latines et françaises :

» *Quocumque vergat sol primus ero.*

» — — *Je paye l'interest de mon plus surpassé.*

» Une note à la fin du volume, datée du 31 décembre 1732, nous
» apprend que ce mss. a été envoyé de Dreux (sans doute de la célèbre
» bibliothèque du château d'Anet) à Paris.

» Reliure du temps, en veau brun, à compartiments dorés, avec la
» devise de la dame de Beaujeu, Espérance, et en haut le nom de
» sa fille Susanne.

» Les portraits sont rares en général dans les mss. La présence
» des noms sur celui-ci y ajoute un intérêt particulier.

» Dur. »

Cette description, quoique faite avec soin, n'est pourtant pas d'une rigoureuse exactitude. D'abord, à l'époque de son veuvage, Anne de France avait, depuis longtemps, cessé de s'appeler dame de Beaujeu, étant devenue en 1488 duchesse de Bourbon par la mort de Jean II, son beau-frère (1ᵉʳ avril). Brantôme nous apprend que jamais elle ne signa ainsi, mais simplement Anne ou Anne de France.

Sur la feuille de garde on lit, au lieu de la signature de Susanne, ces mots significatifs : *Ce livre est à moy, Susanne de Bourbon, et l'ey eu de la meson de Bourbon.* (Voir ci-après, planche n° 1.)

Quant aux lignes, rimées tant bien que mal, qui se trouvent ensuite, c'est peut-être s'avancer beaucoup que d'y reconnaître des vers en l'honneur de Susanne ; on pourrait, ce nous semble, y retrouver plutôt les fragments d'une déclaration d'amour *disjecti membra poetæ*, ébauche imparfaite et anonyme d'une main sans doute plus habituée à manier la lance et l'épée qu'à tenir une plume. Malgré l'absence de signature, nous n'hésitons pourtant guère à les attribuer au futur connétable, au mari désigné de l'héritière des ducs de Bourbon. A cette place, immédiatement au dessous des deux lignes tracées de la main de Susanne, lui seul a pu se

permettre impunément, et peut-être même sans trop
risquer de déplaire, une pareille liberté, que la fille
de Louis XI n'eut sans doute pas tolérée de la part
de tout autre.

Sur la seconde feuille de garde (planche n° 2), se
trouvent les initiales de Susanne et de Charles son
mari, entre deux palmes : d'abord, quatre S barrés,
placés autour d'un objet que je ne trouve pas
facile à reconnaître, chacun entre deux flèches, et
plus bas quatre C accolés deux à deux et séparés par
une moitié d'A, avec cette devise latine :

Quocumque vergat sol previus ero.
Où que le soleil darde ses rayons, j'irai les attendre au passage.

Au-dessous se trouvent quatre C accolés deux à
deux, à chaque bout desquels est accroché l'S
barré, que nous avons vu déjà dans la première
figure, et que nous retrouvons encore entre le corps
des deux C ; une sorte de double M (Montpensier)
sépare l'un de l'autre les deux groupes de C accolés,
dont le second n'a qu'un seul S barré dans le vide
laissé par les deux C accolés. Au-dessous est une
figure informe à la suite de laquelle on lit, d'une
écriture à peu près semblable à celle des vers de la
première page, ce vers un peu boîteux :

« Je paye en se lieu l'intérest du plaisir ».

Si l'avoir est a moy suffisant de bons heurs
et soy me ... de ... de bo bon

                    cinq ou six ans ou ans
Si j'ay deseu lespace de dix ans
                un
Libre comme le poulain qui vallebe foulant
Sans passion et sans aucune engye
~~Ja ne veux~~ j'entens ma ... soys
~~immondes~~ ~~de coleur~~
ou mon ... Mais ce meschant que veult de pry
... qui m'atrappe avec son matras
Ils me ravit tellement mon ame
me contregnant de servir ô se damne
Si tu beueux la quan ... et passion
Jour ~~ensemble~~ avec telle ...
si le ciel nous a ~~pris~~ tous d'heur
~~ensemble~~
vivres ensemble avec telle union

si la beaulté la grace et l'honneur

Si le ciel vous a fait tant d'heur
de vous donner beaulté grace et honneur
Recongnoissez du grand dieu ce benefice
                          vs
Croyez que ceste ~~en~~ intention
          chose
ne soyez de ce beau don ingratte

Se livre est à moy Susanne de Bourbon
Et l'ey eu de la mezon de Borbon.

Si j'ay vescu cinq ou six ans avant
Libre comme le poulain qui va l'hebe foulant
Sans passion et sans aucune envye
Ou mon desir guidoit ma fantesye
Mais ce meschant guetteur de pas
Qui m'attrapa avec son matras
Il me ravit tellement mon ame
Me contregnant de servir une dame
Ou j'aperceu qu'amour et passion
Vivent ensemble avec telle union
Si la beaulté la grace et l'honneur
Si le ciel vous a fait tant d'heur
De vous donor beaulté grace et honneur
Reconnoissez du grand dieu ce benefice
Croyez que c'est en intention
Ne soyez donq de ce beau don ingratte.

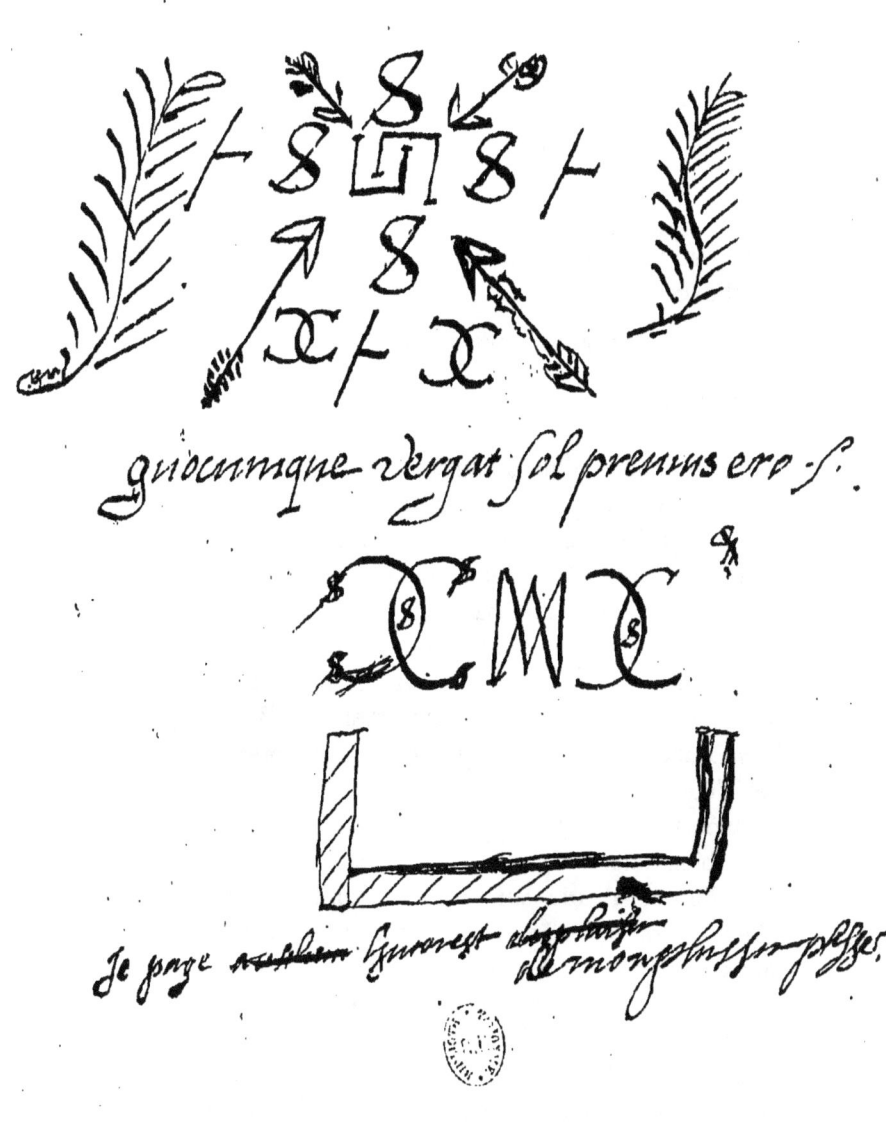

quocumque vergat sol prenius ero .f.

Je paye [...] de monplesser pesses.

qui est devenu, au moyen d'une correction assez mal exécutée :

« *Je paye l'intérest de mon plaisir passé* ».

Devine qui pourra !

Le premier feuillet du mss. est rempli tout entier, au recto, par les portraits des deux princesses occupées à quelque lecture pieuse : les femmes de leur suite sont groupées, derrière elles, dans le fond de la salle. (Voir plus loin page 1.) Au verso, se trouve un parti de l'écusson ducal de Bourbon, d'azur à trois fleurs de lis d'or posées deux et une, à la bande de gueules, avec un écartelé aux 1er et 4e de Bourbon, et aux 2e et 3e de France, qui est, à proprement parler, l'écusson d'Anne de France, (voir en tête de ce volume.) A la fin du mss. se trouvent, non pas une, mais bien deux notes distinctes, non signées, et placées l'une et l'autre sur la même feuille de garde; elles sont datées, non de 1732, mais de 1632. Toutes deux ont été raturées avec soin, dans l'intention bien évidente de n'en plus laisser lire le contenu. Heureusement pour les curieux, ce n'est là qu'un exemple de plus de la précaution inutile : l'encre ancienne se détache en noir sous les ratures, et rien n'est plus facile à lire que nos deux inscriptions, pourvu qu'on ait soin de présenter le feuillet sur lequel elles se trouvent à la lumière du jour ou à celle d'une bougie. Les voici :

1° Au haut du feuillet, la première note ainsi conçue :

> Ce dernier jour du mois et an
> 1632 j'ai receu ce présent
> livre, que Monsieur Baillet,
> hoste de Sainte-Barbe, m'a faict
> tenir en toute franchise.

2° Au-dessous, de la même écriture et couverte de ratures comme la première :

> Dans Paris, rue du Chantre,
> ce dernier jour du mois et an
> mil six cents trente deux, j'ai receu
> le présent livre que Mr B. de Sainte
> Barbe [à Dreux] m'a faict tenir icy
> en toute franchise. Loué soit Dieu !

Notre manuscrit, bien que non porté sur le catalogue de la librairie du château de Moulins, a dû, comme les autres volumes saisis sur le connétable, devenir la propriété du roi, et faire partie de la Bibliothèque déposée, après 1527, à Fontainebleau.

Plus tard il a pu être offert par le roi à Diane de Poitiers, et entrer ainsi dans la bibliothèque du fameux château d'Anet, où doit l'avoir pris ce M. Baillet de Dreux, qui en a si généreusement gratifié son correspondant de la rue du Chantre pour ses étrennes. Des mains de ce dernier, il ne dut guère tarder à tomber dans celles du chancelier Séguier, si amateur de beaux livres, et l'on peut voir, dans le savant ouvrage consacré par M. L. Delisle au *Cabinet des manuscrits de la Bibliothèque Nationale* (tome II, pag. 47 et suivantes), comment notre manuscrit a successivement passé de la bibliothèque du chancelier Séguier, dans celle de Mgr de Coislin, évêque de Metz, son petit-fils, puis dans celle de l'abbaye de Saint-Germain-des-Prés, d'où un vol l'ayant fait sortir en 1791, il a fini par arriver jusqu'à la Bibliothèque de Saint-Pétersbourg, avec tout le reste de la collection de P. Dubrowski (probablement le Browiski de la note de Leprince, Delisle, *ubi supra*, p. 48, not. 8.)

Nous avons tenu à reproduire exactement, grâce au talent si consciencieux de M. A. Queyroy, les dix-neuf miniatures de l'original, ainsi que les devises, emblèmes, et inscriptions qui se trouvaient sur les feuillets de garde en tête et à la fin du vohume; les deux dernières comme pouvant aider à retrouver le nom du bibliophile de la rue du Chantre. La reliure même de l'original a été reproduite dans la couverture de ce volume avec la plus scrupuleuse exactitude, ainsi que les ornements, d'un caractère si particulier, dans tous leurs moindres détails; le nom de Susanne avec sa devise *Espérance*, qui depuis longues années était celle de la maison de Bourbon; et les trois noms de Jésus, Marie, Joseph.

Nous aurions bien désiré pouvoir donner au lecteur des indications précises sur l'auteur des miniatures qui décorent le manuscrit de Saint-Pétersbourg : la destruction des comptes de la maison de Bourbon en 1793, ne nous permettant à ce sujet que des conjectures, nous hasarderons celle-ci : parmi les peintres et enlumineurs employés par Louis XI, père d'Anne de France, se trouve Jean Bourdichon, né en 1457, et domicilié à Tours, comme il résulte de sa déposition dans le procès-verbal de canonisation de Saint-François de Paule en 1513. Cet artiste, souvent mentionné avec Jean Perréal (Jean de Paris) dans les comptes des dépenses du roi (de 1484 à 1520), avait souvent travaillé pour Anne de France, en 1484 notamment il avait fait faire pour elle « deux grans chaires tourneisses par luy painctes et toutes dorées de fin or pour le service de la diƐte dame », qui furent payées 24 liv. 15 sous.

En 1490 et 1491, il avait été chargé de divers ouvrages pour le roi, entre autres des suivants : «...... la génologie *(sic)* des ducs de Bourbon, avecques les épitaffes, en huit histoires, faites de blanc et de noir.

It. le patron d'une crosse et d'une mitre, aussi des baings de Bourbon l'Archembault, trois pings *(sic)* (*probablement pour* peints) et trois grisles.

It. le patron de la vraye croix, et de six lampes en diverses manières, du dit Bourbon l'Archembault. (Arch. nat. Reg. KK. 76 fol. 92 v°, d'après les Archives de l'art français, tom. IV, p. 8-23).

Enfin, en 1480, il « avoit faiƐt escrire (pour Louis XI) ung livre en parchemin nommé *la Papaliste*, enluminé d'or et d'azur et fait en icelluy dix neuf histoires riches, et l'avoit fait relier et couvrir », travail qui avait été payé XXX écus d'or.

Ne pourrait-il pas aussi avoir été chargé de faire enluminer d'or et d'azur, comme ils le sont, les *Enseignements d'Anne de France*, et d'y joindre les dix-neuf histoires qui en font l'ornement ? Ajoutons que ce nom de Bourdichon est loin d'être tout à fait inconnu dans le Bourbonnais ; qu'à Gannat, notamment, il a été porté jusqu'au XVIIIe siècle par plus d'une famille. Si ces conjectures et rapprochements ne sont pas absolument dépourvus de quelque vraisemblance, peut-être y aurait-il là de quoi rehausser encore, au point de vue du patriotisme local, la valeur de notre manuscrit.

Nous l'avions d'abord cru inédit, et nous avons commencé de l'imprimer comme tel; ce n'est guère qu'après l'impression de la plus grande partie du texte des *enseignemens*, que nous avons sû qu'ils avaient été publiés au XVIe siècle, à la requête de la duchesse Susanne, par conséquent avant 1521, du vivant et sans doute avec le consentement de sa mère, Anne de France. On peut voir (ci-contre) le fac-simile du titre de cette édition; l'exemplaire unique de cette rarissime plaquette appartient à un honorable amateur de Lyon, M. H. de la Garde, qui a bien voulu nous le communiquer avec une complaisance dont nous ne saurions trop le remercier. C'est un tout mignon volume contenant 4 cahiers de 12 feuillets, recto et verso, mesurant 0,062 de large sur 0,132 de haut. Il y manque environ 4 feuillets (pages 128-133). Chaque page porte 27 lignes de 0,0425 chaque et contenant d'ordinaire vingt-cinq lettres du caractère gothique alors générale-

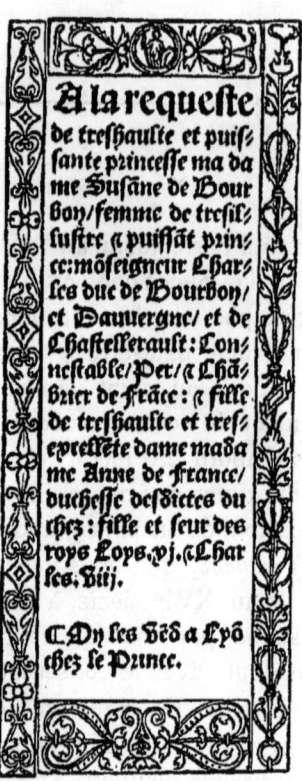

A la requeste de treshaulte et puissante princesse madame Susāne de Bourbon, femme de tresillustre et puissāt prince: mōseigneur Charles duc de Bourbon, et Dauuergne, et de Chastelleraust: Connestable, Per, et Chābrier de Frāce: et fille de treshaulte et tresexcellēte dame madame Anne de France, duchesse desdictes duchez: fille et seur des roys Loys. xj. et Charles. viij.

¶ On les vēd a Lyō chez le Prince.

ment employé. Au bas de ce frontispice, entouré d'une bordure qui rappelle assez les ornements typographiques de l'invention de Geoffroy Tory, célèbre graveur et typographe, dont les relations avec Lyon depuis 1510 ont été mises hors de doute par notre regrettable ami Auguste Bernard dans son *Geoffroy Tory*, (p. 8, 2ᵉ édit. in-8º. Paris, lib. Tross), on voit que *les Enseignements* se vendaient à Lyon, chez Le Prince. Quel en avait été l'imprimeur? On l'ignore. Serait-ce par hasard G. Tory lui-même ? bien que selon son biographe il ait d'ordinaire employé de préférence les caractères romains. C'est là un problème que nous n'essayerons pas de résoudre, laissant aux érudits lyonnais, mieux placés que nous pour cela, le mérite et la peine de cette recherche difficile.

Tout ce que nous pouvons dire c'est que cette édition fait bien certainement honneur à l'imprimeur qui l'a exécutée, au double point de vue de la netteté de l'impression, de la beauté des caractères, et de la correction du texte; nous n'avons pu y relever, après un examen des plus minutieux, plus de cinq à six fautes d'impression comme on le verra ci-après (pag. XIV). Cette publication paraît avoir été faite d'après un manuscrit présentant avec celui de Saint-Pétersbourg certaines différences : la plupart consistent dans l'addition de certains mots qui ne se trouvent pas dans le texte que nous avons eu sous les yeux, et qui du reste ne modifient que très-faiblement, quand ils le modifient, le sens de chaque passage; d'ordinaire ils ne servent guère qu'à le compléter ou à donner au membre de phrase un peu plus de précision; plus rarement enfin les variantes offertes par l'imprimé ne sont tout simplement que des mots mal lus. Le plus grand nombre des variantes que nous avons relevées dans l'imprimé du XVIe siècle, ne sont que des différences d'orthographe, comme au*l*cuns pour aucuns; pro*uf*fiter pour profiter; po*u*vre ou p*au*vre pour povre; doi*b*vent pour doivent; fo*y*s pour fois; cu*y*dent pour cuident; dang*i*ers pour dangers, etc. Nous n'avons pas cru nécessaire de les donner toutes ici.

VARIANTES DE L'ÉDITION PRINCEPS :

Page	6	*lig.* 17	foible « meschant » et subject.
de	8	7	devocion, « aux commandemens de Dieu et aux articles de la foy » et.
notre			
édition.	10	13	« aussi », *au lieu de* : car.
	14	6	et « aussi » que.
	15	5	« oncque » manque dans l'imprimé.
	25	4	tant que vous « vous ».
	49	10	contre « Dieu » droict.
	50	10	« est » *au lieu de* : auroient.

— XIII —

Pag. 53 lig. 6 ceulx « et celles » qui.
　　10　　　9 « nostre seigneur Jesu-Christ » au lieu de « Dieu »
　　10　　11 « et qui se exaltera sera humilié, et ».
　　59　　12 à tous « et à toutes ».
　　id.　　14 à chacun « à ung chescun ».
　　id.　　18 autre « simple » honneste.
　　62　　 5 qu'ils denyroient voulentiers « leur lignaige » s'ilz povoient.
　　71　　12 que « le seigneur » Dieu.
　　72　　 4 ma « très-chière » fille.
　　id.　　12 l'amour « du seigneur » Dieu.
　　78　　 3 en festoyant « tous » ceulx.
　　79　　 8 et dit ce mesme philosophe « que » qui.
　　82　　 6 leurs « follies et » faultes.
　　86　　 9 l'imprimé donne : leur prouffit, au lieu de : leur honneur et prouffit.
　　88　　 6 l'imprimé donne : de gens envieux, au lieu d'envieux.
　　94　　 6 « et debvez sçavoir que aulcuns cuydent », au lieu de : cuident aucuns.
　　98　　11 matière « plaisante et » joyeuse.
　　98　　15 sont « très- » fort.
　 101　　18 si « clair » semez.
　 114　　 1 ont de très grans dommaiges ; et pourtant.
　 115　　 2 « vous tiendrez » tousjours.
　 116　　14 « avez affaire », au lieu de : ont à besongner.
　 117　　18 « Et bien », au lieu de : car après.
　 119　　 5 ses « parens et » amys.
　 120　　 8 la « grand » multitude.
　 122　　18 « Et aussi », au lieu de : car il
　 123　　11 « ou » au lieu de : soit du.
　 125　　10 si « le seigneur » Dieu.

FAUTES D'IMPRESSION DE L'ÉDITION PRINCEPS.

Page	29	*lig.* 2	« sa onne »	*au lieu de :*	sa personne.
de	Id.	15	« avoir corps »	—	mouvoir corps.
notre	31	8	« philozophe »	—	philosophe.
édition.	36	16	« invisible »	—	nuisible.
	87	2	« infectez »	—	en fainéte.
	97	3	« signe d'enfance »	—	signe de défiance.

Le texte des enseignements de la duchesse Anne a encore été reproduit, nous dit-on, dans l'ouvrage suivant qu'il ne nous a pas été possible de nous procurer : « *Enseignements moraux adressés à Marguerite de France reyne de Navarre,* » par Jehan Barril. Tholose 1535, in-4°. (Voir le manuel de Brunet 6ᵉ édition, Paris, Didot, 1865, tome VI, page 199, col. 2, n° 3872.)

II

TEXTES OÙ L'AUTEUR A PU PRENDRE L'IDÉE DE SON LIVRE : LE ROSIER DES GUERRES, LES ENSEIGNEMENS DE SAINT LOUIS A SA FILLE. — TEXTE ET TRADUCTION DE CET OPUSCULE. — CE QUE LA DUCHESSE A EMPRUNTÉ AU TEXTE DE SAINT LOUIS, CE QU'ELLE Y A AJOUTÉ ; AUTRES ÉCRITS QU'ELLE A DU AVOIR SOUS LES YEUX. — DATE PROBABLE DE LA COMPOSITION DE L'OUVRAGE.

Les *Enseignemens de la duchesse Anne à sa fille* ne sont pas une œuvre originale, une création spontanée et sans précédents dont on puisse dire, comme Montesquieu de l'Esprit des lois : *prolem sine matre creatam.* C'est au contraire l'accomplissement d'une tâche obligatoire et, pour ainsi dire, d'un devoir de famille, dont le père d'Anne de France et son bienheureux aïeul lui avaient laissé à la fois le modèle et l'exemple. Le *Rosier des guerres,* rédigé par ordre de Louis XI pour son fils Charles VIII, et les *Enseignements de saint Louis à sa fille Isabelle,* n'ont certainement jamais cessé d'être présents à l'esprit d'Anne de France lorsqu'elle écrivait les pages qu'elle voulait laisser à sa fille pour son instruction. Si ces deux ouvrages ne sont portés ni l'un ni l'autre au catalogue de la bibliothèque du château de Moulins, pas plus du reste que celui de la duchesse elle-même, nous n'en sommes pas moins en droit de croire et d'affirmer qu'ils ont dû figurer dans la bibliothèque des ducs de Bourbon, soit à Paris, soit dans quelque autre de leurs nombreuses résidences. Pour le *Rosier des guerres*, il est impossible de supposer qu'il ait pu en être autrement, et pour les *Enseignements* du saint roi, il suffit de citer le passage suivant de Ducange *(Observations sur l'histoire de saint Louis,* p. 116) :

« Claude Ménard les a insérez *(les Enseignements*
» *de saint Louis à son fils)* plus au long dans ses
» Mémoires, et [ils] se voient en plusieurs mss. de
» la Chambre des comptes de Paris, dans l'un des-
» quels on lit ce qui suit :

L'original de ces Enseignemens, lequel estoit écrit d'une grosse lettre, qui n'estoit mie trop bonne, fut trouvé par moy Gérard de Montagu, secrétaire du roy, ou trésor de ses priviléges, chartes et registres, (dont il estoit garde, et le baillai au roy (Charles V), en sa tour du bois de Vincennes, l'an 1376, lequel le bailla lors à Monseigneur le duc de Bourbon (Louis II), frère de la reyne (Jeanne de Bourbon), lesquels estoient descendus du roy Saint Louis dessus dit. Et me commanda le roy que j'en retenisse autant pour garder en son dit trésor : et aussi pareillement bailla lors le roy audit duc de Bourbon l'original des enseignemens qui ensuivent, lesquels aussi furent trouvez au trésor dessus dit.

Ainsi, l'original des enseignements de saint Louis à son fils se trouvait encore au trésor des Chartes en 1376, et Charles V en faisait don à son beau-frère dont le goût pour « les gestes des très renommés princes, jadis rois de France » nous est attesté par son historien C. d'Orreville (chap. LXXXVII, p. 273, édition de la Société d'histoire de France.) Quant à ces autres « *enseignemens qui ensuivent* », n'est-il pas au moins probable qu'on y doit reconnaître les enseignements du saint roi à sa fille Isabelle? Quoi qu'il en soit, toute trace de ces précieux mss. est aujourd'hui perdue, et il ne reste guère d'espoir de retrouver les originaux ; fort heureusement, on en a conservé et imprimé le texte.

Peut-être y a-t-il lieu d'identifier les enseignements du saint roi avec ce *livret du preudhomme de sainct Lis,* dont parle notre auteur (pag. 8), et il nous faudrait en ce cas reconnaître dans ce passage une erreur du copiste, qui se retrouve également et dans le mss. de Saint-Pétersbourg, et dans l'édition de Lyon faite pour la duchesse Susanne (fol. A iiij v°.)

Rien de plus aisé que de constater les emprunts faits par Anne de France à son père. Comme lui, elle a voulu laisser à sa fille des enseignements pour la guider plus tard au milieu des périls de la vie (1). On peut encore rapprocher des pages 3 et 5 de notre édition les citations suivantes (2-3), bien que l'on doive reconnaître que la destination des deux ouvrages, composés l'un pour un jeune prince, l'autre pour une princesse, devait forcément mettre entre eux une différence notable tant pour le fond que pour la forme. Cette différence disparaît dès que

---

(1) « Désirans que ceulx qui après nous viendront et regneront, espécialment nostre très chier et très aimé fils, Charles Dauphin de Viennois, puissent bien prouffiter, régner.... nous avons voulu faire rédiger, et assembler en ung petit volume, plusieurs bons et notables enseignemens.... que nous avons nommés le *Rosier des guerres*.
(*Bibl. nat.*, mss. français, n° 442.)

(2) « Du monde. — La plus grant cure que l'omme saige doit avoir en ce monde transsitoire, est de son ame qui est perpétuelle, et laquelle portera la charge et le faix des œuvres du corps, qui porrira quand la mort viendra »..... (*Ib.*, f° 56 v°.)

3) « On ne doit amer ce monde fors en bien faisant : car la vie de ce monde est briefve, et la paine sans fin, qu'il conviendra porter à ceulx qui n'auront bien vescu ». (*Ib.*, f° 57 r°.)

nous n'avons plus sous les yeux que les enseignements de saint Louis à sa fille Isabelle.

Si notre duchesse, en fille bien avisée, n'a cru devoir reproduire de l'œuvre paternelle que ce qu'elle en pouvait conserver dans des leçons destinées à sa fille, elle n'a pas même eu l'idée de prendre avec l'œuvre du saint roi une pareille liberté de choisir. Il n'est peut-être pas un seul de ses conseils qu'elle ait négligé de reproduire, et nous avons pensé qu'il n'y avait pas de meilleur moyen de prouver le fait au lecteur que de mettre sous ses yeux les paroles mêmes du saint roi, en les accompagnant d'une traduction uniquement destinée à en faire comprendre le texte aux personnes qui ne sont pas familiarisées avec le français du XIIIe siècle.

— XX —

A SA CHIÈRE ET AMÉE FILLE YSABEL, ROYNE DE NAVARRE, SALUT ET AMOUR DE PÈRE (1)

1. Chière fille, pour ce que je quit que vous retendrez plus volentiers de moy, pour l'amour que vous avez à moy, que vous ne feriez de pluisours autres; j'ai pensé ke je vous fache aucuns enseignemens escrits de ma main.

2. Chière fille, je vous enseigne que vous amez nostre Seigneur de tout vostre cuer et de tout vostre pooir : car sans chou, nus ne puet rien valoir, nule cose ne puet bien estre amei ne si droituricrement ne si proufitablement. Ch'est li sire a qui toutte créature puet dire : Sire, vous estes mes diex, vous n'avez mestier de nul de mes biens. Chou est li sires qui

1. Chère fille, pour ce que je pense que vous retiendrez plus volontiers de moi, pour l'amour que vous avez à moi, que vous ne feriez de plusieurs autres, j'ai pensé à vous faire quelques enseignemens écrits de ma main.

2. Chère fille, je vous enseigne que vous aimiez Notre-Seigneur de tout votre cœur et de tout votre pouvoir : car sans cela nul ne peut rien valoir, et nulle chose ne peut être bien aimée, ni si droiturièrement, ni si profitablement. C'est le Seigneur à qui toute créature peut dire : Sire, vous êtes mon Dieu, vous n'avez besoin de nul de mes biens. C'est

---

(1) *Nous suivons ici la collection des Historiens de France, continuée par l'Académie des Inscriptions, qui donne (Tome XX, pag. 82-86 et 302, note 2) deux textes différents; nous avons reproduit avec fidélité celui qui passe pour le meilleur, (A) en donnant en note les principales variantes de l'autre (B). Nous avons de plus indiqué entre parenthèses les pages de notre édition, où se trouvent reproduits les principaux préceptes du saint Roi.*

envoya son fill en terre, et le livra à mort pour nous delivrer de (1) la mort d'infer.

3. Chière fille, se vous l'amez, li pourfit en sera vostres. Mout est la créature desvoye (2) qui aillors met l'amour de son cuer, fors en luy ou desous luy.

4. Chière fille, la mesure dont le devons amer, si est amer (3) sans mesure. Il a bien deservi que nous l'amons, car il nous ama premiers. Je vaurroi que vous seussiez bien penser as œvres que li benoiet fius dieu fist pour nostre raenchon.

5. Chière fille, ayez grant dessirier comment vous li puissiez plus plaire, et metez grant (4) entente à eschiver toutes les coses que vous cuiderez qui lui doivent desplaire. Espéciaument vous devez avoir cheste volenté que vous ne ferriez péchié mortel pour

le Seigneur qui envoya son fils en terre, et le livra à mort, pour nous délivrer de la mort d'enfer.

3. Chère fille, si vous l'aimez, le profit en sera votre. Bien est la créature hors du bon chemin qui ailleurs met l'amour de son cœur, sinon en lui ou sur lui.

4. Chère fille, la mesure dont nous le devons aimer, c'est de l'aimer sans mesure. Il a bien mérité que nous l'aimions, car il nous aima le premier. Je voudrais que vous sussiez bien penser aux œuvres que le béni fils de Dieu fit pour notre rédemption.

5. Chère fille, ayez grandement à cœur comment vous lui pourriez davantage plaire, et mettez grande attention à éviter toutes les choses que vous penserez qui lui doivent déplaire. Et spécialement vous devez avoir cette volonté, que vous ne feriez

---

(1) *Des peines.*
(2) *Hors voie.*
(3) *B ajoute le.*
(4) *Cure et diligence.*

— XXII —

nule cose qui peust avenir, et que vous vous laisseriez anchois les membres couper et la vie tolir par cruel martyre, que vous le (1) fesissiez à ensient.

6. Chière fille, accoustumez-vous souvent à confesser, et eslisiez tousjours confessours qui soient de sainte vie et de souffisant letrure, par qui vous soyez ensignée et doctrinée des coses que vous devez eschiever, et des coses ke vous devez faire. Et soyez de tel manière par quoy vostre confessours et vostre autre ami vous osent ensignier et reprendre.

7. Chière fille, oyez volentiers le service de sainte [é]glise, et quant vous serez au moustier, gardez vous de muser et de dire vaines paroles. Vos orisons dites en pais, ou par bouche ou par pensée, et espéciaument, entrues con li corps nostre signour Jhesus Cris sera présens à la messe,

péché mortel pour nulle chose qui pût advenir, et que vous vous laisseriez plus tot les membres couper, et la vie ôter par cruel martyre, que de le faire à escient (le péché mortel).

6. Chère fille, accoutumez-vous à vous confesser souvent, et choisissez toujours des confesseurs qui soient de sainte vie et de suffisante instruction, par qui vous soyez enseignée et instruite des choses que vous devez éviter, et des choses que vous devez faire. Et montrez-vous telle que vos confesseurs et vos autres amis vous osent enseigner et reprendre.

7. Chère fille, prenez plaisir à entendre l'office divin, et quand vous serez à l'église, gardez vous de muser et de dire vaines paroles. Dites vos prières avec recueillement, soit de bouche soit en pensée, et spécialement, dès l'instant où le corps de Notre-Seigneur Jésus-Christ sera présent

(1) *Vous fessisiez pechié à enscient.*

soyez plus en pais, et plus ententive à orison, et une pièche devant.

8. Chière fille, oyez volontiers parler de nostre signour en sermons et en privez parlemens. Toutevoie privez parlemens eschivez que de gens moult eslevez en bontez et en sainte[t]ez. Pourcachiez volontiers les pardons.

9. Chière fille, se vous avez aucune persécution ou de maladie ou d'autre cose, en quoy vous ne puissiez mettre conseil en bonne manière, souffrez le debonnairement, et en merchyez nostre signour, et l'en sachiez bon gré, car vous devez quider que ch'est pour votre bien, et devez quidier que vous l'ayez deservi, et plus, se il vausist, pour chou que vous l'avez pou amé et pou servi, et avez maintes coses faictes (1) contre sa volonté.

à la messe, soyez recueillie et plus fervente dans vos prières, et un peu auparavant (p. 64-65).

8. Chère fille, prenez plaisir à ouïr parler de Notre-Seigneur, soit en sermons soit en causeries familières. Toutes fois évitez les causeries familières, sinon avec gens très éminens en bonté et sainteté. Gagnez volontiers les pardons.

9 Chère fille, si vous avez aucune affliction (p. 72, 73, 74, 75), soit de maladie, ou d'autre chose en quoi vous ne puissiez remédier par conseil en bonne manière, souffrez le débonnairement, et en remerciez Notre-Seigneur, et lui en sachez bon gré, car vous devez penser que c'est pour votre bien. Et devez penser que vous l'avez bien mérité, et plus s'il voulait, parce que vous l'avez peu aimé et peu servi, et que vous avez fait maintes choses contre sa volonté.

(1) Fet mout de choses contrères à

10. Se vous avez aucune prospérité ou de santé de cors ou d'autre cose, merchyez ent nostre signour, humelement, et l'en sachiez bon gré, et vous prenez bien garde, que de chou n'empiriez ne par orgueil, ne par autre mesprison. Car chou est mout grans pechiez de guerroyer nostre signour pour l'occoison de ses dons.

11. Se vous avez aucune malaise de cuer ou d'autre cose, dites le à votre confessour, ou à aucune autre personne que vous quidiez qui soit loyaus, et qui vous doive bien cheler, pour chou que vous le portez plus en pais, se chest cose que vous puissiez dire.

12. Chière fille ayez le cueur piteux vers toutes gens que vous entenderez qui soient à meschief ou de cueur ou de cors, et les secourez volentiers ou de confort ou d'aucune aumosne, selon chou ke vous le porrez faire en bone manière.

10. Si vous avez quelque heureuse chance ou de santé de corps ou d'autre chose (p. 72-73), remerciez en Notre-Seigneur humblement, et sachez lui en bon gré, et prenez bien garde que pour cela vous ne deveniez pire soit par orgueil soit par autre aveuglement. Car c'est bien grand péché que de guerroyer Notre-Seigneur à l'occasion de ses dons.

11. Si vous avez aucun malaise, soit de cœur ou d'autre chose, dites le à votre confesseur, ou à quelque autre personne que vous saurez loyale et capable de bien garder votre secret, afin de le pouvoir supporter plus aisément, si c'est chose que vous puissiez dire p. 96.

12. Chère fille, ayez le cœur touché de pitié pour toutes gens que vous entenderez être dans le malheur, soit de cœur soit de corps, et les secourez volontiers, soit de consolations qui les réconfortent, soit de quelque aumône, selon que vous le pourrez mieux faire (p. 60-61).

— XXV —

13. Chière fille, amez toutes bonnes gens, soit de religion soit du siècle, par qui vous entenderez ke nostres sires soit hounerez et servis. Les povres amez et secourez, et especiaument cheux qui pour l'amour nostre signour se sont mis à povreté.

14. Chière fille, pourvéez vos a votre pooir que les femmes, et les autres mesnices qui avec vos conversent plus privéement et secréement, soient de bonne vie et de sainte, et eschivez à vostre pooir toutes gens de male renommée.

15. Chière fille, obéissez humelement à vostre marit et à vostre père et à votre mère. Ès coses qui sont selonc Dieu, vous devez chou volentiers faire pour l'amour que vous avez à aux, et assez plus pour l'amour nostre signour qui ensi l'a ordené (1) à cascun selonc qu'il affiert, contre Dieu ne devez à nului obéir.

13. Chère fille, aimez toutes bonnes gens, soit de religion soit du siècle, par qui vous entendrez que Notre-Seigneur est honoré et servi. Aimez et secourez les pauvres, et surtout ceux qui pour l'amour de Notre-Seigneur se sont mis à pauvreté.

14. Chère fille, veillez selon votre pouvoir, à ce que les femmes et autres gens de service, qui ont avec vous les rapports les plus intimes et les plus secrets, soient de bonne vie et sainte, et fuyez de tout votre pouvoir toutes gens de mauvaise réputation.

15. Chère fille, obéissez humblement à votre mari, à votre père, et à votre mère. Dans les choses qui sont selon Dieu, vous le devez faire volontiers pour l'amour que vous avez à eux, et bien plus encore pour l'amour de Notre-Seigneur, qui ainsi l'a ordonné à chacun, selon qu'il appartient; contre Dieu vous ne devez obéir à personne.

(1) *Et encore leur deves vos miex faire pour l'amor nostre seigneur qui a ce ainsi ordené.*

16. Chière fille, mettez grant peine que vous soyez si parfaite que chil qui orront parler de vous et vous verront, i puissent prendre bon exemple. Il me semble qu'il est bon ke vous n'ayez mie trop grant seurcrois de reubes ensemble, ne de joaux, selonc l'estat ou vous estes; ains me semble miex que vous fachiez vos aumosnes, au mains de chou qui trop seroit, et que vous ne metez mie trop grant tans ne trop grant estuide en vous parer ne achesmer. Et prenez garde que vous ne fachiez outrage en votre atour, mais toujours vous enclinez au chois devers le mains que devers le plus.

17. Chière fille, ayez un desirier en vous ke jamais ne se départe de vous, ch'est à dire comment vous puissiez plus plaire à nostre signour, et metez votre cuer à chou ke se vous estiez chertaine que vous ne fuissiez jamais guerredonnée de bien que vous fesissiez, ne punie de mal que vous fesissiez, si vous devriez

16. Chère fille, mettez grand peine à être si parfaite, que ceux qui entendront parler de vous, et vous verront, y puissent prendre bon exemple. Il me semble qu'il est bon que vous n'ayez trop grand surcroît de robes ensemble ni de joyaux, selon l'état où vous êtes ; au contraire, il me semble mieux que vous en fassiez vos aumônes, au moins de ce qui trop serait (de votre superflu) et que vous ne mettiez ni trop de tems ni trop d'étude à vous parer ni à vous atourner (p. 27). Et prenez garde qu'il n'y ait aucun excès en vos atours (mot à mot que vous ne fassiez excès en vos atours), mais toujours par choix inclinez plutôt vers le moins que vers le plus (p. 9).

17. Chère fille, ayez en vous un ferme propos, sans vous en départir jamais : je veux dire de savoir comment vous pourrez toujours plaire de plus en plus à Notre-Seigneur, et mettez-vous bien dans le cœur ceci, que quand même vous seriez certaine de n'être jamais ni récompensée du bien, ni punie du mal que vous

vous garder de faire cose qui despleust à nostre signour, et entendre à faire les coses qui lui plairoient, à vostre pooir, purement pour l'amour de lui.

18. Chière fille, pourcachiez volentiers orisons de bones gens, et m'i accompaigniez.

19. Et se il avient k'il plaise à nostre signour que jou trespasse de cheste vie devant vous, je vous pri que vous pourcachiez messes et orisons et autres bienfaits pour m'ame.

20. Je vous commant que nus ne voit chest escrit sans mon congiet, excepté votre frère.

21. Nostre sire Diex vous fache bone en toutes coses autant comme je désire, et plus assez ke je ne saroie desirrer. Amen.

auriez fait, vous n'en devriez pas moins vous garder de faire chose qui pût déplaire à Notre-Seigneur, et vous efforcer, selon vos moyens, de faire les choses qui lui pourraient plaire, tout simplement pour l'amour de lui.

18. Chère fille, recherchez volontiers prières de bonnes gens, et m'en faites part.

19. Et s'il advient qu'il plaise à Notre-Seigneur que je trépasse de cette vie avant vous, je vous prie de fonder messes oraisons et autres bonnes œuvres pour le salut de mon âme.

20. Je vous recommande que nul ne voie cet écrit sans mon congé, excepté votre frère.

21. Que notre Seigneur Dieu vous fasse bonne en toutes choses autant que je le désire, et plus encore que je ne saurais désirer. Amen.

— XXVIII —

Saint Louis, dans ses *enseignemens à sa fille*, semble s'être volontairement renfermé dans le point de vue chrétien : il n'a songé qu'au ciel, laissant presqu'entièrement de côté tout ce qui touche aux affaires de ce monde, tout ce qui n'est que sagesse purement humaine et terrestre. La fille de Louis XI, la régente qui avait gouverné la France pendant toute la minorité de son frère Charles VIII, ne pouvait pas se détacher aussi complétement des choses de la terre. L'immense héritage, la position princière qu'elle comptait bien laisser à sa fille et à son gendre, lui inspiraient d'autres pensées, lui commandaient, je dirai même lui imposaient forcément quelque chose de plus : il lui fallait tracer à sa fille un plan de conduite en harmonie avec ses droits et ses devoirs de princesse du sang, si rapprochée du trône. De là ces conseils où la prudence, l'humilité, la courtoisie, et l'affabilité avec les étrangers, les savants, et même le peuple, ce qui n'exclut pas l'habileté, sont expressément, j'allais presque dire impérieusement recommandées. Obligée de se mettre au service de quelque princesse, Susanne devra en choisir de préférence une qui soit « de bonne renommée, non muable, et de parfaict bon sens » ; en tout cas, il faudra toujours faire consciencieusement son devoir, quoi qu'il en doive coûter, en évitant autant que possible de froisser et mécontenter personne, de faire aucun rapport « qui puisse être à nulluy préjudiciable, et en gardant avant tout sa conscience honneur franchise loyauté, non autrement ». Si au contraire, grâces à Dieu, Susanne arrive à quelque haute position, c'est alors surtout qu'elle devra redoubler d'humilité. C'est l'orgueil qui a perdu Lucifer, c'est aussi l'orgueil qu'il faut s'attacher à éviter par dessus tout, si l'on veut « avoir bon bruit, et complaire autant aux petis que aux grans ».

Dans tous ces conseils de sagesse mondaine et de politique pratique à l'usage des « *femmes de grant façon* », comme on disait alors, on reconnaît l'esprit sagement avisé de la princesse qui sut si longtemps conserver, presque sans atteinte, son crédit personnel et la puissance de sa maison, après avoir perdu, par la mort de son frère et celle de son mari, ce qui devait sembler la base réelle de sa fortune, l'appui le plus solide de son crédit et de toute sa puissance. Sa tâche cependant ne s'arrête pas là : Susanne se mariera : sa mère lui trace, par le menu, toute une ligne de conduite à l'égard de son mari, et de tous ses parents et amis, à chacun desquels, selon son degré, elle devra se mettre en peine de complaire, ce qui est, après tout, le plus sûr moyen de retraire à soi son mari, et d'acquérir et conserver son amour « sans se bouter ès las de jalousie », ni jamais lui être en rien rebelle. Quant à ses enfants, son principal souci devra être de « les bien enseigner et aprendre, car en ce monde n'a telle joie au père et à la mère que avoir enfans saiges et bien endoctrinez »; mais surtout il faut s'attacher « au moyen estat et le bailler à ses filles en les tenant honnestement de leurs habits ».

Au milieu de tous ces conseils, notons en passant quelques traits où il nous semble trouver un retour de la fière duchesse sur elle-même. Par exemple (p. 23) la défense de faire nuls rapports : « car plusieurs en ont fait de bien justes et raisonnables, et à bonne intencion, qui depuis en ont été hays, et [en ont] eu beaucoup à souffrir »; de même (pag. 32 et 33) l'anecdote du chevalier qui ne tint pas son serment plus de quatre heures, « bien que prêté sur l'autel et messel ou tous les jours on chantoit messe »; on pourrait en citer d'autres. Contentons-nous, pour en finir d'appeler l'attention sur ces lignes de la page 129, dans lesquelles Anne de France semble nous avoir tracé en quelques mots, sinon son portrait réel, du moins celui de la femme qu'elle aurait voulu être, et qu'elle présentait à sa fille comme un modèle à imiter : « toujours en port honnorable, en manière froide et assurée, humble regard, basse parole, constante et ferme, toujours en ung propoz sans fléchir ».

Notre auteur, pour composer son ouvrage, a dû sans nul doute s'inspirer des meilleurs livres sur le même sujet qu'elle trouvait dans la riche bibliothèque du château de Moulins, créée et successivement enrichie depuis deux siècles et plus par ses prédécesseurs et par elle-même et son mari. On trouvera (page 8) l'indication de quelques-uns, auxquels il faut sans doute ajouter : *le Régime des princes,* nos 49 et 57 (pag. 237), *la Cité des dames,* n° 77 (pag. 238), *le Livre du chevalier de la Tour Landry à l'enseignement des dames,* nos 89 (p. 239) et 252 (pag. 250), *l'Information des rois et princes,* n° 101 (pag. 240) et 115, 116, 117 (pag. 241), les *trois Vertus, à l'enseignement des dames.* n° 133 (pag. 242), et enfin *le Triomphe des dames,* n° 285 (pag. 253).

C'est peut-être à quelqu'un de ces ouvrages que nous ne connaissons pas qu'aura été empruntée la vive et piquante histoire des trois filles du seigneur de Poitiers, si cavalièrement dédaignées par trois princes allemands, ce dont « leur mère fut tant confuse et desplaisante qu'elle n'eut oncques puis joye, et ne vesquit guères après. »

Les *Enseignements d'Anne de France* ont dû être écrits entre la mort de son mari Pierre II, (10 octobre 1503) et le mariage de leur fille Suzanne, qui est du mois de mai 1505. Née le 10 mai 1491, la jeune princesse était sur le point d'entrer dans sa quinzième année, son éducation allait finir, et la duchesse Anne en mère prévoyante dut songer à lui assurer la possession durable des trésors de son expérience. C'était, dit Brantôme, (tom. VIII, pages 103-105 de l'édition de la Société d'histoire de France), « une maistresse femme... Si a-t-elle faict de très-belles nourritures, et n'y ha guières heu dames et filles de grand maison de son temps qui n'ayt appris leçon d'elle. » Ces leçons que l'altière princesse avait si longtemps imposées soit de gré, soit de force aux nobles damoiselles dont elle agréait les services, elle voulut les laisser par écrit à sa fille, pour lui servir plus tard de guide quand elle-même n'y serait plus. Nous avons là le testament intellectuel et moral pour ainsi dire de la fille de Louis XI, le dernier mot de sa sagesse, le résumé de toute son expérience. Embrassant d'un regard calme et assuré, toutes les éventualités de l'avenir, elle trace à sa fille bien-aimée un vaste plan de conduite pour toutes les circonstances de la vie.

Rien n'y est oublié, les devoirs envers Dieu et le monde, les nuances à observer dans les rapports avec les supérieurs, les inférieurs et les égaux, les amusements permis, et les distractions de bon goût, jusqu'aux petits travers à la mode, dans lesquels on doit éviter de tomber, sans toutefois aller jusqu'à les reprendre aigrement dans autrui, tout cela est noté d'un mot, indiqué en passant d'un trait net et précis, sans affectation pourtant, dans un langage ferme et vigoureux, où l'on retrouve ce sens froid et attrempé de la maîtresse-femme qui sut, à vingt ans, prendre en main sans embarras ni hésitation la direction des affaires, et mener heureusement à bien l'œuvre difficile de préserver la France des malheurs de toute sorte, dont la menaçait une réaction féodale, que la mort de Louis XI semblait devoir inévitablement amener.

III

SUPPLICE D'UN ENFANT LIVRÉ EN OTAGE PAR SON PÈRE, CAPITAINE
DU CHATEAU DE BREST : CARACTÈRE LÉGENDAIRE DE CE RÉCIT.
— PASSAGE DE FROISSART QUI EN PEUT EXPLIQUER L'ORIGINE.

LES Enseignements sont suivis d'un extrait d'une « épistre consolatoire transmise à une dame nommé Katerine de Neuville, dame de Fresne, sur la mort et trespas de son premier et seul fils..... » On voit dans cette légende, émouvante et patriotique, mais peut-être un peu bien naïve, comment une dame de haut parage doit trouver en elle-même la force de concilier avec ses devoirs et ses sentiments de mère et d'épouse, les dures et pénibles obligations que lui imposent sa naissance, son rang, et la situation élevée de son mari. Après la théorie la pratique, après le précepte l'exemple, qui a pour but de montrer l'application de la règle dans toute sa rigueur.

— XXXV —

Voici le fond de la légende : Le Prince de Galles arrive en France, et met le siége devant le fort château de Brest, défendu pour le roi de France par le sire du Chastel. A la longue les vivres finissent par manquer à l'assiégé, qui entre en composition, et prend jour pour rendre la place, s'il n'est secouru avant un terme fixé. Pour garantie le capitaine, au refus de tous ses parents et amis de lui servir d'ôtages, est contraint de remettre au prince son fils unique, âgé de treize ans. Puis il envoie au roi de France pour lui exposer la situation. Le secours demandé arrive, sous forme de vivres et de munitions, quatre jours avant l'expiration du délai convenu, et le capitaine tout joyeux, réclame son ôtage, comme ayant été secouru en temps utile. Le prince n'est pas de cet avis, et après bien des pourparlers, bien des allées et venues des hérauts, l'enfant est mis à mort. Le capitaine ne peut que se venger par de cruelles représailles, et enfin le ciel lui-même se mettant de la partie, le terrible prince de Galles est abîmé dans les flots avec tous les siens, qui le chargent de malédictions. Le véritable sujet pour notre auteur c'est de montrer dans la femme du capitaine du Chastel, le devoir de l'épouse et les délicates susceptibilités de la fidélité féodale en lutte avec l'amour maternel; ce sentiment si puissant et si énergique qui porte partout les mères à mettre au-dessus de tout le salut de leur enfant, ne peut cependant triompher ici des implacables nécessités du point d'honneur féodal. Le fait spécial qui sert de base à notre légende paraît exact : Froissart nous raconte comment des ôtages remis pour garantie de la parole du gouverneur d'un château, qui avait promis de rendre la place à jour fixe, s'il n'était pas secouru avant un terme convenu, furent impitoyablement mis à mort, faute par le gouverneur d'avoir tenu sa parole, et comme dit notre légende fait honneur à son scellé. Les suites de cet emportement sauvage sont les mêmes dans les deux récits, seulement dans Froissart, comme on le verra plus loin, ce n'est pas le prince de Galles, qui a terni sa gloire par un si cruel abus de la force, c'est un prince des fleurs de lys, le propre frère de Charles V, ce duc d'Anjou, dont le rôle équivoque pendant la minorité de Charles VI, son neveu, n'a pas toujours été digne de son nom, ni de son rang. *Cuique suum.*

XXXVII

Comment les ôtages que ceux de Derval avoient baillés furent décollés; et comment Messire Robert Canolles fit décoller les prisonniers qu'il tenoit.

. . . .

Le duc d'Anjou, le duc de Bourbon, le connétable de France, et tous les barons qui là estoient, tenoient le chastel de Derval à avoir pour eux, par deux raisons. La première estoit que messire Hue Broec et son frère avoient juré et scellé et promis, et de ce livré bons ostages, chevaliers et escuyers, que ils ne povoient ni devoient nullui recueillir en leur forteresse, qui ne fust aussi fort comme ils estoient. La seconde raison estoit que, dedans quarante jours, ils devoient rendre le chastel de Derval aux seigneurs de France, si les Anglois ne venoient là en la place, si forts que pour eux combattre, et lever le siége, desquelles choses ils estoient tout en deffaute. Monseigneur Robert Canolles s'excusoit, et mettoit tousdis en avant, que ses gens ne povoient faire nuls traités sans son accord, et que tous les traités que fait avoient estoient de nulle vaille, ni de lui on ne pouvoit extraire autre réponse. Et mandoit bien au duc d'Anjou et au connétable que ils n'avoient que faire de là séjourner pour son chastel, car jà

— XXXVIII —

tant qu'il vivroit, ils n'en seroient en saisine. Le duc d'Anjou de ces réponses estoit tout mélancolieux : si avisa une fois qu'il essaieroit Monseigneur Robert par une autre voie ; et lui manda bien à certes que, s'il ne lui rendoit le châtel, ainsi que droit et raison le vouloient, il fust tout segur qu'il feroit mourir ses ostagiers. Messire Robert lui remanda que bien estoit en sa puissance de faire ainsi tout ce qu'il disoit ; mais il fut segur [que] s'il les fesoit mourir, il avoit laiens en son chastel de bons chevaliers François prisonniers, desquels il pouvoit avoir grant rançon, mais il les feroit mourir aussi. Cette response prit le duc d'Anjou en si grand despit, que, sans point d'attente, il manda les ostages qui issus de Derval étoient, deux chevaliers et deux escuyers, bien gentils hommes, et les fit mener du plus près du chastel qu'il put, et là furent descolés ; ni pour prière ni parole, que aucuns barons de l'ost pussent ni sceussent, ils n'en furent point desportés. Quant messire Robert Canolles, qui estoit amont aux fenêtres de son chastel, vit ce, si fut moult courroucé, et ainsi que tout forsené, il fit incontinent une longue table lancer hors des fenestres, et là amener trois chevaliers et un escuyer, que il tenoit prisonniers, dont il avoit refusé dix mille francs. Si les fit monter sur celle table l'un après l'autre, et par un ribaut couper les têtes, et renverser ens es fossés, le corps d'un lez et les testes de l'autre. De quoy vraiement tout considéré, ce fut grand pitié, quand pour l'opinion d'eux deux, huit gentils hommes furent ainsi morts ; et depuis en furent moult courroucés et l'une partie et l'autre.

FROISSART. — Edition Buchon. — (Tome 1er, pag. 682-3, livre 1er, partie 11e.)

ERRATA.

Page.	ligne.	au lieu de :	lisez :
22	15	au sur plus	au surplus
29	14	quelles	qu'elles
48	11	neccessitéz	neccessitez
54	13	quelle	qu'elle
106	5	*supprimer le chiffre* xxv.	
135	1	espitre	epistre
154	17	advons	avons
198	17	pardonnes	pardonner
235	13	derrenier	derrenier.)
239	18 et 19	espitres	epistres
242	12	(f. lat.)	(f. lat. 913.)
269	10	quelq*n*efois	quelquefois
302	16	accognitar	accognitare
323	18	né	né,

I

A parfaicte amour naturelle que j'ay à vous, ma fille, considérant l'estat de nostre povre fragilité, et meschante vie présente, (innumérables et grans dangiers, en ce monde transsitoire, sont à passer) aussi après, recongnoissant la très-briefve subdaine et hastive mort que à toute heure j'attens, nonobstant mon povre rude et débile engin, me donne couraige et vouloir de vous faire, tandis que je vous suis présente, aucuns petis enseignemens, advertissans vostre ignorance et petite jeunesse, espérant

que en aucun temps en aurez souvenance, et vous pourroient quelque peu profiter; doncques, sans vous faire nulz longs prologues, ne aussi de peu de chose grans parlemens :

II

Le premier et principal point, sur tous les autres, est que affectueusement, et de tout vostre léal et plain pouvoir, vous gardez de faire, dire, ne penser chose, dont Dieu se puisse à vous courroucer, quelques temptacions subtilles que le monde, la chair ny le Dyable vous puissent jamais bailler. Dont, et pour plus chastement vivre, et vous mieulx garder de pécher, aiez, comme dit sainct Augustin, en mémoire tousjours, que, sans avoir de seureté une seulle heure, il fault que ce meschant corps meure, qu'il pourrisse, et soit mangé de vers, et que sa povre ame désolée incontinant reçoive le guerdon de la desserte de sa vie. Pensez parfaictement, au secret de votre cueur, aux terribles merveilleuses et infinies peines d'enfer, et aussi aux grans et inestimables gloires et joyes qui à jamais sont en paradis, craignant sur toutes choses, et en grant douleur de cueur, la journée tant redoubtée du jugement général que incessament actendent bons et maulvaix. Et vous souviengne de sainct Bernard, qui dit que à toute heure, où qu'il fust, y luy sembloit qu'il oyoit ce terrible son, tant fort merveilleusement le redoubtoit. Las! or pensez donc, ma fille, à ceulx qui sont mondains, et usent toute leur vie en vanitez délices et folles plaisances, comment, ne combien ilz le doivent doubter, quant luy, qui tant estoit parfait, en avoit si merveilleuse craincte.

III

Après, ma fille, pour ensuyvir nostre propos, en grant humilité de cueur pensez et recongnoissez en vous, qui vous estes, et dont vous venez, à vostre povre et corrompable création, quant au corps, et à la très-excellente et noble quant à l'âme, laquelle, comme dit sainct Thomas, est créée à l'ymage et semblance de Dieu. Dont, pour la digne et non pareille création, et aussi pour le grant loyer que nous actendons avoir d'icelle, devrions mieulx aymer, comme dit sainct Ambroise, mourir de mille mors, si possible estoit, que, de nostre franche liberté, l'abandonner une fois à pecher. Hélas ! ma fille, nous devons donc bien penser les grans dangers, douleurs, et regretz, que doivent souvent avoir ces povres et meschans obstinez, examinans secrètement leurs très-maulvaises et trop larges consciences. Mais bien heureux sont ceulx, dit sainct Bernard, à qui Dieu donne la grâce de, avant leur mort, en avoir vraye et parfaicte congnoissance! Car, comme dit le bon philosophe Boëce, ceste vie transitoire est fort briefve au pris de celle qui sans fin durera. Et dit de rechef que ce monde n'est rien, fors toutes déceptions, vanitez, et temptations, et que bien bestes sont ceulx et celles qui, en rien qui y soit, y cuident trouver félicité parfaicte. Car, comme il dit de rechef, il n'y a si puissant, si noble, ne si franc, qui n'y soit souffreteux, foible, et subgect. Et dit encores, que ceulx ou celles qui y cuident estre les plus saiges, et qui mieulx le pensent congnoistre, y sont souvent les plus folz, et qui s'i abusent et dévoyent plus. Et dit de rechef que, par folle espérance d'y longuement vivre, ou la trop grande fiance sur la grâce divine, que le diable nous donne, y sommes tous aveuglez des cueurs, et sours d'entendemens de faictz et de couraiges, ce qui se monstre en plusieurs lieux si plainement qu'il est comme tout notoire.

IIII

ET pour tant, ma fille, ne vous y fiez en riens qui soit, ne en sens force ne entendement nul, qu'il vous semble que vous aiez, mais y vivez en grant crainɛte, et tousjours sur vostre garde, que vous n'y soiez déceue, et vous gardez d'y estre oyseuse, et par espécial d'esperit. Occupez le tousjours en bonnes œuvres, comme de penser de cueur, en grant dévocion, à la sainɛte et digne passion de nostre doulx Sauveur Jhésus, en luy rendant grâces, et le louant affeɛtueusement. Et, pour mieulx vous sçavoir vivre et conduire en dévocion, je vous conseille que lisiez le livret du preudhomme de sainɛt Lis, celui de sainɛt Pierre-de Luxembourg, les sommes le roy, l'orologe de Sapience, ou aultres livres de vie des Sainɛts, aussi les diɛtz des philosophes et anciens saiges, lesquelles doctrines vous doivent estre comme droicte reigle et exemple, et c'est très-honneste occupation et plaisant passe temps. En oultre, touchant vostre jeunesse, laquelle on ne doit aucunement laisser vague ne oyseuse, mais la doit on occuper, et employer à toutes choses honnestes, et sans trop grans curiositez, comme d'aulcuns petis et gracieulx ouvraiges d'eschez, de tables, marrellez, ou autres menuz esbatemens, sans y user de trop grant subtillité, ne nouvelleté, car les couraiges d'aucunes s'enclinent aucunes fois si fort à telz choses, qu'elles n'ont pouvoir ne entendement de ailleurs penser, qui n'est pas signe de bon sens, ne fait de femme de grant façon, car de telles choses on en doit user et en prendre attrempéement, c'est assavoir en lieu de rien faire y passer le temps. Car, comme dit le docteur Lyénard, toutes femmes qui désirent avoir bon bruit, et estre dictes femmes de bien, doivent avoir les couraiges les vouloirs et les entendemens tant grans et si haultement eslevez, que toutes leurs principalles œuvres doivent estre de tousjours acquérir vertus. Car, comme dit le philosophe, c'est le plus prouffitable euvre, le plus grant et noble trésor que nous puissons jamais acquerre ne avoir tant au sauvement de l'âme, comme à la parfaicte renommée du corps.

V

ET pour tant, ma fille, employez vostre entendement du tout à acquérir vertus, et faictes tant que vostre renommée soit digne de perpétuelle mémoire, et quoy que vous fassez, sur toutes riens, soiez véritable franche humble courtoise et léalle, et croiez fermement que si petite faulte ne mensonge ne pourroit estre trouvée en vous, que ce ne vous fust un grant reprouche. Car, comme dit le docteur Liénard, en ung argument qu'il fait ou il parle de mensonge, c'est le pire de tous les vices, et qui plus est puant et deshonneste, à Dieu et au monde. Or donc, ma fille, si vous voullez estre au nombre des femmes de bien, et avoir bon et honneste bruit, gardez-vous bien d'y encheoir. Et, comme dit Socrates, ne ressemblez pas à ces folles musardes, qui, par leurs besteries, cuident estre bien saiges et renommées, quant, par leur maudite et venimeuse finesse, déçoivent et abusent plusieurs gens, qui est chose à Dieu détestable et au monde abhominable. Et dit ledit docteur Liénard, que oncques homme ne femme de grant fasson, ne qui eust bon sens, ne désira avoir ce bruit. Et dit de rechief, que combien que plusieurs nobles, et venans de bon lieu, soient au monde de ceste deshonneste et meschante sorte, et qui à présent sont ceulx ou celles, qui d'aucuns ont la plus grant audience, mais, à parler franc et à la vérité, ce n'est que des folz, ou de ceulx desquelz on a affaire. Et soiés seure, comme dit ledit docteur, que si, en leur présence on les blandist, en leur absence on les mauldit. Finablement, comme dit Sainct Ambroise, quoy qu'il tarde, à la parfin telz gens ne sont aymez de Dieu ne du monde, quelque semblant que on leur fasse. Et dient les saiges, que on les doit fouir comme choses venimeuses, quelque plaisant bel accueil ne gracieux passetemps qu'on y puisse jamais trouver, et que la fin en est trop périlleuse. Et pour tant, ma fille, gardez-vous d'eulx et de leurs décepvables acoinctances.

VI

EN oultre, ma fille, si d'aventure la mort me prenoit, avant que eussiez quelque provision, et que, par le conseil et advis de noz seigneurs et amyz, advinst que fussiez mise à la court, ou en quelque aultre grant hostel, quoy que vous fassiez, au moins s'il vous est possible, mectez-vous en service de dame ou damoiselle qui soit bien renommée, non muable, et qui ait bon sens. Car, comme dit le docteur Liénard, il n'est point de si grant vice en la personne, qui, par ceste noble vertu de sens, ne soit corrigé attrempé et anéanty. Et dit ung philosophe que oncque de homme ne de femme qui eust parfait ne bon sens, quelque mauvaise inclination qu'ilz eussent, ne de quoy ilz se meslassent, ne vy, ne n'ouy oncques parler, en histoire ne en livre, que la fin n'en fust honneste, et bonne, et digne de mémoire. Et dit ung aultre philosophe, que bien est mauldite la terre dont le seigneur est enfant, laquelle comparaison est entendue des folz. A ce propos dit ung aultre philosophe, que la plus grant fortune meschance et pitié qu'il soit au monde, est quant il fault que le saige soit en la subgection et gouvernement du fol. Et pourtant, ma fille, gardez vous, à vostre pouvoir, d'y estre subgecte, car, comme dit le docteur Liénard, souvent advient que les serviteurs ou servantes, voire aucunes fois les plus parfaitz, portent les charges et pugnitions des grans dérisions faultes soubdaines et folles entreprises que les folz maistres ou maistresses, font de leurs desraisonnables voulentés, et sans y vouloir user de nul bon et juste conseil. Par quoy donc, on doit eschever le service de telles gens, car il n'en peult nul bien venir. Mais si, d'aventure, advenoit qu'il conveint y estre, on s'i doit acquitter de tout son pouvoir, et leur doit on remonstrer leurs faultes et les blasmer, et non pas en manière de les oser ne vouloir reprendre ne corriger, mais par subtilles manières, en doulceur et signe d'amour, comme en comptant à ce propoz nouveaulx et gracieux comptes, ou en louant aultres, et donnant bruyt de cas et faitz contraires, et tousjours revenant à la juste et moralle vérité, en eulx ramantevant tout doulcement que, quant toutes oppinions seroient accomplies à voulentez, si fauldroit il mourir, et que, doncques, puisque ainsi est, qu'il fait bon aprendre à bien vivre, affin que quant l'heure viendra de bien savoir mourir; sans leur tenir longs comptes, car ce n'est pas la coustume de telz gens, de voulentiers ouyr parler de mourir.

VII

ET, combien que le propoz soit neccessaire et propice, et de quoy l'on doit le plus souvent et voulentiers parler, par espécial, à ses amys, si n'est il pas bon de leur en trop parler, pour doubte de les ennuyer ce qui ne se doit pas faire. Car, quelz qu'ilz soient, on leur doit complaire puis qu'on est en leur service, c'est assavoir en choses raisonnables, et non aultrement. Et dit le docteur Liénard, qu'on ne doit pas faire comme beaucop de folz adulateurs, qui, pour avoir ung peu d'honneur d'audience ou de pecune, flattent et blandissent à tout propoz, louent, accordent, controuvent, rapportent, soit tort ou droit, ne leur chault de quoy, ne contre qui, sans rien qui soit à compter, ne à honneur, ne à conscience, tant sont de bestialles et mauldictes condicions. Sainct Pol dit que telz gens dényent la foy, et sont beaucop pires que infidèles, et ne pourroient, selon la raisonnable loy, souffrir ne porter trop grant pugnition.

VIII

Pour tant, ma fille, quelque maistrise que vous aiez, gardez-vous d'estre semblable à eulx, en rien qui soit, croiant parfaictement que, quoy qu'il tardast, en la fin vous en repentiriez, en ce monde ou en l'autre. Car, comme dit Boëce, Dieu qui est parfaictement juste, quoy qu'il tarde, ne laisse rien impugny. Aussi, ma fille, au regard de la court, il n'apartient à femme jeune de soy mesler ne embesongner de plusieurs choses, et dient les saiges que on doit avoir yeulx pour toutes choses regarder, et rien veoir, oreilles pour tout ouyr et rien sçavoir, langue pour respondre à chascun, sans dire mot qui à nully puisse estre en rien préjudiciable. Et dient de rechef que ce n'est pas grant sens de demander le plus grant bruit, de doubte tousjours des envies qui y sont grandes merveilleusement. Et dit ung philosophe, que celuy ou celle auroit bien bon sens, qui s'en sçauroit garder. Mais nonobstant ce, qui peult doit peine mettre de les eschever, et à ceste cause, je vous conseille, pour le mieulx, que, après tout service acomply deu à vostre maistresse, que vous mectez peine de complaire à chascun selon son estat, et faire l'honneur qui leur appartient, et par espécial à ceulx ou celles, qui ont les plus grans audiences, et qui sont tenuz à plus saiges, voire en gardant vostre conscience, honneur, franchise, loyaulté, et non aultrement.

IX

En oultre, soiez à chascun humble, tant au petit comme au grant, doulce, courtoise, et amyable, et en toutes choses véritable et attrempée. Et s'il advenoit que, par envye ou hayne, aucun parlast, ou controuvast quelque chose sur vous, contre vostre honneur, ou autrement, souffrez le pasciemment; faignant de le non croire en complaisant tousjours, car, comme dit le docteur Liénard, il n'est point de si grand ire ne envye, que par la vertu de doulceur et d'humilité ne soit adoulcie.

Au sur plus, gardez vous, à qui que

ce soit, de faire nulz rapportz, car aulcunes fois, plusieurs en ont fait de bien justes et raisonnables, et à bonne intencion, qui, depuis, en ont esté hays, et eu beaucop à souffrir. Pour tant, je vous conseille, se n'est en toute doulceur, que ne vous meslez que de vous, sans rien enquerre, ne désirer à sçavoir, du fait ne gouvernement des autres, et si d'avanture advenoit que vous en sceussiez quelque chose, gardez bien que par vous ne soit décelé, quoy qu'on vous en enquière, ne fasse force de le sçavoir. Car, comme dit Socrates, oncques homme ne femme de grant fasson ne descouvrist le secret d'autruy, au moins, s'il ne touchoit à trop grant préjudice de le celer, et, par espécial, contre l'honneur de vostre maistre ou maistresse, laquelle chose, si ainsi en advenoit, ne devroit, par raison, estre celé, ains secrètement, par manière de confession, en devriez advertir son confesseur, non autrement. Car, comme je vous ay dit dessus, tout ce qui est fait ou dit à bonne intencion n'est pas tousjours de chascun congneu.

X

Aussi, ma fille, touchant ces habitz et atours, je suis assez contente, tant que serez jeune, et en estat pour les porter, que, selon la coustume du païs ou vous serez, et le plaisir de vostre maistresse, que vous les portez. Et faictes tous jours tant que vous habillez le mieulx et plus nectement que pourrez. Car, au regard du monde, croiez pour vray qu'il est mal séant et fort deshonneste de voir une fille ou femme noble nicement habillée et mal en point. Et ne peult homme ou femme de fasson estre trop gent ou trop net à mon gré; mais que ce soit sans trop grant curiosité, et qu'on n'y mecte pas tant son cueur, qu'on en laisse à servir Dieu. Et dit le docteur Liénard, que pour eschever aucunes temptacions, qui à ceste cause pourroient survenir, qu'il est bon de souvent prier Dieu. Et conseille fort, entre aultres prières, dire au matin, en soy levant, trois fois « Pater noster », et autant « Ave Maria », la première, en penseant à la doloreuse passion de nostre rédempteur Jhésus ; la seconde, en penseant à sa grant humilité de daigner descendre es abismes d'enfer, pour, sans plus, reconforter ses amys ; la tierce, en penseant à la joye inestimable de sa glorieuse mère quant elle le vit ressuscité. Ces trois patenostres prouffitent beaucop à dire au matin et au soir contre maulvaises temptations. Pour tant, ma fille, il se fait bon acoustumer à les dire souvent.

XI

Mais, pour abréger, et revenir à nostre propoz, touchant habillemens, je vous conseille que ne les portez pas les plus oultrageux, trop estroitz, ne fort chéans, et ne ressemblez pas aucunes, à qui il semble qu'elles sont fort gentes, quant elles sont fort ouvertes, et just chaucées, et vestues tant que, par force de tirer, sont souvent leurs vestemens désirez, dont elles sont mocquées, et au doy monstrées de ceulx qui le sçavent, et en oyent parler. Ma fille, ne soiez pas aussi de celles qui, pour sembler plus gentes et menues, se vestent en yver si ligèrement qu'elles en gellent de froit, et en sont souvent jaulnes et descoulorées, et tant que, par les secrètes froidures qu'elles y prennent, ou pour estre trop serrées, en engendrent plusieurs griefves maladies, et plusieurs sont qui en ont encouru la mort; et ne fault point doubter que ce ne soit ung merveilleux péché, car on est homicide de soy mesmes. Et ne excuse point ignorance en ce cas, car, qui n'est saige, dit le philosophe, si croie conseil, ou ensuyve les faitz de ceulx qui le sont. Et dit le docteur Liénard, que celuy doit estre réputé saige, qui uze de telz choses attrempéement, et y sçait tenir la reigle et le milieu, sans soy desvoier, ne faire moquer. Et doit-on faire que la manière soit tousjours sa personne ensuivant, et selon son estat. Car combien qu'il soit bien séant à chascun, si appartient il principallement à hommes ou à femmes nobles, avoir beau port hault et honnorable, doulce manière bien moriginée et asseurée en toutes choses; et, par espécial, à toutes femmes de façon qui désirent avoir bon bruit, à cause de leurs féminines et doulces condicions, lesquelles doivent estre tant honteuses et craintives de mesprendre, quelles ne doivent mouvoir corps ne membre sans besoing, et par droit ordre de doulceur compassée en toute raison. Et dit ung philosophe parlant à ce pro-

poz que la plus deshonneste chose
qui puisse estre au monde, en espécial
aux hommes de façon, est de veoir
une jeune femme yssue de bon lieu
volage et effrenée. Et, au fait contraire, dit ung autre philosophe que
le plus noble et plaisant trésor qui
puisse estre en ce monde, est de
veoir une femme de grand façon belle,
jeune, chaste, et bien moriginée.

XII

ET pour tant donc, ma fille, puisque
vertus et bonnes œuvres sont
aussi bien louées, aymées, et cher
tenues, en ce monde cy comme en

l'autre, vous vous devez tant plus fort mectre en peine d'estre vertueuse, affin de faire tousjours tant, que vostre conversation soit honneste et bonne, et en toutes choses courtoise et amyable, que vous soiez à tous plaisante, et de chascun aymée, voire d'amour dont parle le philosophe, c'est assavoir que honnesteté en soit la fondation. Car autre amour n'est que faulce deablerie et ypocrisie, laquelle je vous commande fouyr, de toute l'auctorité et puissance que mère peult et doit avoir sur fille. C'est assavoir de semblans, regardz, parolles, couraiges, pensées, désirs, voulentez, et puissances. Car, comme dit Sainct Pol, de toutes les temptacions et subtilles décepcions qui soient au monde, c'est une des pires, et dont on voit advenir grans maulx, tant deshonnestement en use l'on à présent ; car, comme dient plusieurs docteurs, il n'y a si homme de bien, tant noble soit, qui n'y use de traïson, ne à qui ce ne semble bon bruit, d'y abuser ou tromper femmes de façon, soient de bonne maison ou autres, ne leur chault où. Et dit le docteur Liénard, qu'il n'y a si parfait, qui en ce cas use de vérité, ne qui tiengne promesse, tant soit forte ne grande, la quelle chose, certainement, je tiens véritable. Car je ouys une fois raconter à une femme noble et de grant façon, qu'elle avoit congneu gentilhomme et chevalier qui, en ce mesme cas, de sa franche voulenté, avoit fait serment, en foy de noble homme, sur l'autel et messel où tous les jours l'on chantoit messe, lequel chevalier ne teinst pas son serment plus de quatre heures. Et si estoit, à ce qu'elle me compta, bien raisonnable, et sauf son honneur et sa conscience, n'avoit excuse aucune de le rompre, sinon son lasche et failly couraige, et soubdaine muableté.

Par quoy, ma fille, quelques blandissemens, ou grans signes d'amours, que nul vous puisse monstrer, ne vous y fiez en riens. Car, comme dit le docteur Liénard, les plus saiges, et qui y cuident aller le droit chemin, sont souvent les premiers trompez. Et dit de rechef que, par la congnoissance qu'ilz ont de leurs léaulx et bons couraiges, pensent trouver autres en faitz et en ditz semblables, dont, à ceste cause, souvent se trouvent deceuz. Et dit encores le dit doçteur, que Dieu ne veult point consantir, que couraiges fermes francs et loyaulx en ce cas trouvent leur semblable, de doubte que l'amour, qui doit estre principallement à luy, n'y fust ajoinçte et actribuée. Aussi certainement, il ne fault pas doubter, que si telles vertueuses conditions s'abordoient ensemble, par ceste manière ou aultres, que l'amour n'y fust merveilleusement grande, et la fin bonne et honneste.

A ce propoz, dit le docteur Liénard, en la fin d'ung argument qu'il fait, ou il parle d'amour parfaicte, que l'ennemy qui est plain de venimeuse subtilité, de sa puissance se efforce de rompre et eslongner telle amour pour les grans biens et honneurs qui s'en peuvent ensuivre. Mais nonobstant, ma fille, comme je vous ay dit dessus, ne vous fiez en chasteté, force ne perfection que vous cuydez congnoistre en vous ne en aultre, créant que une entre mille n'en eschappe pas sans estre chargée de son honneur ou déceue, tant soit l'amour bonne ou parfaicte, soit en une manière ou en aultre. Dont, pour la plus grant seureté, je vous conseille que vous

vous gardez de toutes privées et gracieuses acoinctances telles qu'elles soient, car on a veu, en ce cas, plusieurs honnestes commencemens, dont la fin a esté depuis deshonneste et préjudiciable. Et aussi, quant il en viendroit tout au mieulx, si doit l'on craindre les folz et légiers jugemens, qui, au préjudice et charge des dames, se font souvent ; car, comme dit le docteur Liénard, le monde est, en ce cas et autres, tant vil et si corrompu, que bien peu en est, à présent, dont ceste parfaicte amour soit véritablement ne au vif congneue. Car, comme dit un philosophe, chose nuisible est non congnoissable à ceulx qui n'ont engin habille ne vertueux : par quoy on juge souvent ce qui ne fut oncques. Pensez donc que plusieurs dames et damoiselles ont eu beaucop à souffrir, et aucunes en ont perdu honneurs et aventaiges, tant en mariage, que d'autre manière, que je vous laisse à dire, pour nostre compte abréger.

XIII

Doncques, ma fille, qui est saige doit tous telz dangers fuyr et eschever, doubtant les maulx qui s'en peuvent ensuivre. Et, pour vous parler de mariage, c'est une ordre tant belle et si prisée, mais qu'elle soit honnestement maintenue, ainsi qu'il appartient, que on ne la pourroit trop honnorer ne assez louer. Et pour y parvenir on ne s'i peult trop emploier, ne soy conduyre trop saigement, ne en trop grant doulceur, crainte, et chasteté, tant en manières comme en fait, et ne doit on avoir, en ce cas, aucun chois, désirs, ne souhaitz, ne user en riens de sa propre et seulle voulenté, mais s'en doit-on du tout actendre à la prudence bonne grâce et ordonnance de ses amys; et dit ung philosophe que celle qui aultrement en use doit estre tenue pour parfaicte folle. Pour tant, ma fille, fichés ces choses en vostre mémoire, et vous y conduysez si saigement que vous ne soiez point cause d'empescher quelque bon eur, s'il plaisoit à Dieu, de sa grâce, le vous envoier.

XIIII

Et ne resemblez pas à trois demoi-selles, jadis filles au seigneur de Poitiers, qui lors estoit très noble et très puissant, lesquelles demoiselles estoient de si excellente beaulté, que par tout le monde estoit renommée d'elles, et, à ceste cause, furent demandées de plusieurs en mariage, par espécial de trois nobles et puissans princes du païs d'Alemaigne et marches d'environ, qui, pour le bruit et renommée d'elles, en estoient fort amoureux. Et, secrètement, à petit estat, et non saichans du fait ne entreprise l'ung de l'autre, arrivèrent tous trois, sur ung mesme jour et à une heure, à Poitiers, et tant advint qu'ilz s'assemblèrent, et se dirent l'ung à l'autre la cause pourquoy ilz estoient là venuz, c'est assavoir pour veoir les damoiselles devant dictes, car la chose estoit desja bastie, ne restoit sinon que la veue d'elles leur pleust. Et fut le seigneur de Poitiers adverty de ces nouvelles, dont il fut moult joyeulx, et prestement alla vers eulx, et les amena en son hostel, où ilz furent par la dame et les trois filles honnorablement festoiez. Advint que l'aisnée s'estoit tant serrée et estraincte de ses habitz que le cueur luy faillit, ainsi qu'elle devisoit à celuy mesme qui la demandoit, dont il fut moult desplaisant de la veoir en ce danger, et voulut sçavoir la cause ; de quoy, depuis, il fut adverty, et sceut que, par l'oultrecuidance et folie d'elle, ce luy estoit advenu. Si pensea qu'elle estoit en advanture de non jamais porter enfant, et conclud en son couraige de ne la point espouser. Le second prince regardoit fort le port et manière de la fille seconde, et l'aperceut estre tant volage et ligère qu'il la teint pour folle, par quoy conclud aussi de jamais ne l'espouser. Le tiers prince se print à deviser avecques la fille plus jeune, laquelle il trouva fine à merveilles, et parlant très hardiment, et par espécial d'amours, qui la jugea folle, et non chaste de son corps, et eust mieulx aimé morir à celle heure que de jamais l'espouser.

Doncques, ma fille, en la manière qu'avez ouy, furent les trois filles deceues, et en perdirent leur bonheur par leurs follies. Car, incontinant, les princes prindrent congié, et se partirent hastivement, et à peu de parolles, sinon que le plus jeune ne se peust tenir de dire à la dame, mère des filles, que la bonne introduction et gracieuse conduite qu'il avoit veu en ses filles, luy estoit une bien grant gloire, et digne de mémoire perpétuel. Lesquelles parolles et reprouches, la dame entendit bien à quel propos elles servoient, dont elle fut tant confuse, et si desplaisante, qu'elle n'eust oncques puis joye, et ne vesquit guères après. Et pour tant, ma fille, prenez y exemple, et vous gardez, quelque privaulté où vous soiez, de faire nulles lourdes contenances, tant de branler ou virer la teste çà ne là, comme d'avoir les yeulx agus, légiers, ne espars. Aussi de beaucop ne trop rire, quelque cause qu'il y ait ; car il est très mal séant, mesmement à filles nobles, lesquelles, en toutes choses, doivent avoir manières plus pesantes, doulces, et asseurées que les autres ; de parler aussi beaucop, n'avoir langaige trop afilé, comme plusieurs folles coquardes ont, qui cuident avoir bon bruit, et estre de plusieurs aymées, par hardiment et volagement parler, et respondre à chascun et à tous propoz ; laquelle chose est très mal séant à toutes femmes, de quelqu'estat qu'elles soient, et spécialement à jeunes pucelles, povres ou riches, et s'en doivent garder. Car, à ce, sont elles souvent jugées folles et non castes de leur corps ; et dit un philosophe, que aux yeulx et à la langue est évidamment congneue la chasteté d'une femme. Et pour ce, ma fille, usez tousjours de ces deux choses pesantement et en crainĉte, c'est assavoir de parler et regarder, et ne soiez jamais la première ne la dernière parlant, ne rapporteresse de nouvelles, au moins qui soient desplaisantes, ou à aulcun préjudiciables. Soiez aussi tardive et froide en toutes vos responces, car, sur aucuns propoz, comme dient les saiges, n'y eschiet point de responce. Gardez vous aussi de courir ne saillir, d'aucun pincer ne bouter. Et pareillement ne souffrez nulz quelzconques atouchemens sur vostre corps, de homme quelqu'il soit, serrement de mains, ne marchement de pieds. Pour conclusion, ma fille, ne faictes pas tant que par vostre meschant gouvernement vous soiez cause de ma mort, comme les filles susdictes furent cause de celle de leur mère.

XV

Plusieurs aultres enseignemens comptes, et questions vous pourroye faire à ce propoz, mais, pour abréger nostre compte, et aussi pour entrer plus avant en la matière, s'il advenoit, ma fille, que par la grâce de Dieu, vous fussiez mariée en quelque bon et hault lieu, ou à seigneur de grant puissance, gardez vous bien de trop vous enorguillir ne eslever par oultrecuidance, car alors seroit-ce que en vous devroit estre toute humilité. Car, comme dit le docteur Liénard, il n'est point de si grant seigneur, ne puissant prince, en ce misérable monde, qui ait cause de soy orguillir, s'ilz congnoissent parfaictement les merveilleux dangiers et grans subgections ou ilz se treuvent incessament, sans repoz avoir; aussi s'ilz se veullent loyaulment acquicter, tant des grans louenges et grâces qu'ilz doivent à Dieu à cause de leurs grans seigneuries et bénéfices, comme des pesans charges, fetz redoubtables, et dangereuses crainctes, qui, à toute heure, leur doivent estre présentes devant les yeulx.

XVI

OR pensez donc, ma fille, puisque ainsi est, que vous qui estes féminine et foible créature, devez donc bien mectre peine, quelque heureuse fortune que puissez jamais avoir, à vous conduire gracieusement, en parfaicte humilité, par espécial, envers vostre seigneur et mary, auquel, après Dieu, vous devez parfaicte amour et obéïssance, et ne vous y povez trop fort humilier, ne trop porter d'honneur, et le devez servir en toutes ses neccessitéz, et luy estre doulce privée et amyable, et aussi à tous ses parens et amys, à chascun selon son degré; car en toutes choses faust tenir ordre, c'est à dire que vous devez beaucop plus d'honneur au père et à la mère de vostre mary, s'il en a, que à nul de ses aultres parens, et plus au frère que au cousin, et ainsi à chascun selon son ordre de prochaineté de lignaige, et leur devez faire service selon raison, autant que aux vostres. Et saichez, quelque haultaine aliance où vous puissez jamais parvenir, que, par une folle présumpcion, ne devez despriser vos ancestres, dont vous estes descendue; car ce seroit contre droict et raison. Et, selon le docteur Liénard, ceulx qui ainsi le font, ressemblent à Lucifer, qui, par son orgueil, se voulut eslever contre Dieu son créateur, et se comparer à luy, lequel, par son oultrecuidance, fust tresbuché, et plusieurs de sa bende avecques luy, au puant et abominable puiz d'enfer, et, par avant, il estoit au plus hault excellent et noble lieu de paradis. Advisez donc, ma fille, comment nous devons beaucop craindre d'encourir l'ire de Dieu par ce mauldit péché d'orgueil, quant le plus beau et le plus noble ange, qui feust en paradis, en seuffre éternelle pugnicion.

XVII

Combien que à plusieurs folles, qui n'ont guères veu, ce leur semble une bien grant gloire et honneur d'estre assises es plus hault lieux que leurs propres mères ou grans mères, et au regard de leurs grans antes, ou seurs aisnées, elles n'en tiennent riens, et moins beaucop que de maindres d'elles, d'estat et d'honneur, qui ne leur tiennent d'acointance ne de lignaige, ne à elles ny a leurs maris. Et ay veu, depuis ung an en ça, en ce cas, nobles femmes, devant leurs mères et grans mères, faire de telles coquardises, sans leur porter honneur, ne dire seulement : ne vous desplaise, au veu de chascun, dont ceulx qui estoient présens réputoient le cas à grant derrision. Et cecy advint en une niepce, mariée à ung simple chevalier, laquelle s'avança de prendre place devant une sienne ante, noble et ancienne, pour ce qu'elle estoit simple damoiselle, qui peu d'occasion estoit. Aussi en fut elle desprisée, et de plusieurs tenue à beste. Car, comme dit le docteur Liénard, on ne peult mieulx manifester sa follie que, par son orgueil, vouloir ravaller ce dont on est descendu, et que, par raison, on doit honnorer et aymer. Combien que l'aliance pourroit estre telle et si grande qu'elles [auroient] aucunement cause d'aller devant, si d'aventure se trouvoient en place estrange, ou il y eust aucune plus grande d'elles, qui, pour l'honneur ou noblesse de la grant alliance, fussent plus contentes d'aller derrière elles, que au dessoubz nulle des autres de son lignaige, mais, nonobstant ce, quant là viendroit, si ne peuvent elles prendre cest honneur en trop grant humilité, affin que chascun congnoisse que à ce faire ne les contrainct presumption ne liger couraige. Et soiez seure que ceulx qui ainsi en useront y acquerront une grant gloire et bonne renommée, et, après, en auront tant plus d'honneur. Et aussi Dieu le dit en son évangille, que quiconque se humiliera sera eslevé et exalté, et pour tant, ma fille, quelque avancement que puissez avoir, si vous voulez honnorable bruit acquérir, gardez vous tousjours de ce présumptueux vice d'orgueil, et croiez qu'il n'est plus plaisante chose, ne de quoy on gaigne autant l'amour des gens, que pour estre humble, doulce, et courtoise. Sainct Jehan bouche d'or dit que ce sont les principalles vertus que femmes de bien doivent avoir, et, au fait contraire, dit de ce maulvaix et dampnable vice d'orgueil, qu'il est, entre les autres, le plus déplaisant à Dieu et au monde, et dont à présent viennent grans envyes et maulx. Et dit ung philosophe, qu'il ne fut oncques si saige femme, ne sera, si elle s'aplicque et boute en cest erreur d'orgueil, quelle ne perde sa bonne renommée, et que, à la fin, ne soit tenue pour folle, si elle en use autrement que selon droit et raison. Car je ne veulx pas dire que, en ce cas comme autres, ne doive avoir mesure, par exprès en noblesse, laquelle, selon les termes de raison, ne doit point estre de nulz autres foullée ne amaindrie. Et doivent, en ce cas ou autres semblables, tousjours, les plus grans avancer les autres, sans y user de faveur ne faintise, comme plusieurs font à présent, qui, par leurs mauvaises avarices, font souvent de leurs prochains parentz ou parentes de bien estranges et basses aliances, et puis, par leur oultrecuidance, les veullent porter et avancer devant nobles et gentilz femmes, et souvent contre aucunes de leur lignaige ce que, de raison, ne se doit faire; car nulles nobles femmes ne doivent estre reboutées ne ravallées, sinon de leur chef, à qui elles doivent honneur en ce cas et non à autre. Mais, nonobstant, ma fille, à cause des murmures, haines, et envies, qui, pour soustenir et garder son droit, adviennent souvent, je vous conseille que, envers les autres, de quelque petit lieu qu'elles soient yssues, vous y usez de la plus grant courtoisie et humilité que vous pourrez, en leur portant partout honneur, sans les courroucer, ne leur faire desplaisir aucunement, et, s'il advenoit que vous fussiez à ce faire contrainɛte, pour garder votre droiɛt, faiɛtes le si gracieusement, et par si doulce manière, que nul des regardans n'ait cause d'en faire mal gracieulx jugement. Car, comme dit ung philosophe, pour l'oultrecuidance d'une simple femme, ne se doit noble couraige muer. Et dit ung autre philosophe que gentillesse de lignaige, sans noblesse de couraige, doit estre comparé à l'arbre sec, auquel n'a verdeur ne fruit, ou au bois qui au feu bruit sans ardoir.

XVIII

PAR lesquelles choses devez véritablement savoir, que noblesse, tant soit grande, ne vault riens, si elle n'est aournée de vertus. Par quoy, donc, ma fille, si vous avez couraige de gentil femme, et que désiriez avoir bon et honnorable bruit, si, vous monstrez en toutes choses vertueuse et prudente, et vous gardez bien d'estre surprise en ce, quelque rudesse qu'on vous puisse faire, et croiez que ceulx et celles qui, en ce cas, se cuident avancer, se reculent, et font souvent publicquement ramentevoir de leurs honneurs, estats ou lignaige, ce que, par avant, n'avoit onc esté sceu, et ce de quoy, aucunes fois, ont depuis moins d'honneur. Et, au fait contraire, les nobles et bonnes femmes, par leurs vertueuses patiences, humilitez, et grans constances, sont exaulcées, prisées et honnorées de chascun, en espécial des saiges. Car, combien que aucuns seigneurs, dames ou demoiselles, veullent souvent avancer et porter non nobles contre nobles, non obstant ce, si ne peult noblesse estre deffaicte ne effacée, où qu'elle soit. Et dit le docteur Liénard, qu'il ne veint oncques de bon ne franc couraige de, contre raison, la voulloir fouler et mectre bas. Et s'il advenoit, ma fille, que vous eussiez hostel, ou plusieurs gens, gardez vous d'y user de faveur ne faintise, mais vous monstrez à tous, léalle, constante, et véritable, en gardant à chascun son bon droit, et en leur donnant bon conseil, à vostre pouvoir, s'ilz le vous requièrent. Et, si vous voiez aucune dame, ou demoiselle, ou autre honneste femme, de voz voisines, desplaisans ou mélencolieuses, mectez diligence de les en oster tant par doulces parolles, que par leur ramener à mémoire les tribulations et grans martires des amys de Dieu. Après aussi leur remontrer les grans biens que nous acquérons pour avoir pascience en noz adversitez; car c'est une œuvre bien méritoire, et bien plaisant à Dieu, et où l'on acquiert bonne renommée. Et dit le docteur Liénard que c'est ung des plus parfaitz signes à quoy une femme se monstre plus vertueuse, et pour tant ne vous y faignez pas.

XVIIII

En oultre aussi, ma fille, en leurs gésines, fortunes, malladies, vous les devez visiter, et envoyer de vostre hostel quelque chose de nouveau, si vous l'avez, que vous pensez que leur soit neccessaire ou plaisant, au moins à celles de vostre congnoissance, et, par espécial, à voz parentes, ou de vostre mary; car à icelles estes vous plus tenue que aux autres, soient povres ou riches, mais qu'elles soient d'honneste gouvernement. Combien que, à présent, plusieurs seigneurs, dames, et demoiselles, ne tiennent compte de leurs parens de plus simple estat qu'ilz ne sont, posé qu'ilz soient saiges et bien renommez, et sans leur porter préjudice. Et y en a de si oultrecuidez et présumptueux, qu'ilz denyroient voulentiers s'ilz povoient, et s'en mectent en peine, par tout où ilz en oyent parler, tant de faire semblant d'en rien sçavoir, comme de parler d'autre propoz, quant on leur demande de quel costé, qui est contre raison, et leur meult d'ung mauvaix et dampné couraige. Et ne fault point doubter que ceulx qui le font n'en doivent recevoir pugnicion, en ce monde ou en l'autre, comme d'ung mauvaix péché. Et telz gens ressemblent aux infidèles, lesquelz desnyent nostre foy, et avec fuyent leur propre sang et lignaige, lequel ilz sont tenus aymer, avancer, et honnorer sur tous autres, et jusques à la dernière goutte. Et dit ung philosophe, parlant à ce propoz, que oncques homme ne femme, aiant bon sens, n'eust la teste enflée de ceste folie d'orgueil. Par quoy, ma fille, fuyez la, sur toute rien, pensant tousjours à la parfaicte vérité, laquelle nous donne vraye congnoissance de ce décepvable monde, qui est, à dire vray, ung rien. Sainct Jehan Crisostome dit que bien heureux sont ceulx à qui Dieu donne la grace de bien mectre à effect ceste vraye congnoissance, et pour tant, ma fille, employez y vostre entendement, et faictes tant que vous soïez aymée de Dieu et du monde. Laquelle souveraine grâce, pour aller le droit chemin, vous acquerrez. Après, ma fille, pour acquerre la grâce du monde, et avoir bonne renommée, soiez tousjours véritable, et en tous vos faitz humble, ferme, gracieuse, et de doulce conversation, principalement à la messe, laquelle devez oyr en grant dévotion et tous jours à genoulx, si possible est, en aïant les yeulx ententiz envers le prestre à l'autel, ou en vostre livre, sans regarder ailleurs, durant la messe. Pareillement ne faictes de vos mains, comme font aucunes jeunes filles, qui, par folle acoustumance, ont tousjours sans cause la main au nez, ou à la bouche, aux yeulx, ou aux oreilles, qui est très mal séant, mesmement à nobles femmes, qui, voluntiers, sont plus regardées que les autres; par quoy elles s'en doivent trop mieulx garder. Car, en toutes choses, elles sont, et doivent estre, le miroer patron et exemple des autres. Ung philosophe dit à ce propoz, qu'il n'est sur noble femme point de si petite faulte qui à tous gens de bien ne soit très-desplaisant à veoir. Pour lesquelles causes, et plusieurs autres évidentes raisons, qui seroient trop prolixes, ma fille, faictes tousjours tant que nul n'ait cause d'y prendre mauvaix exemple, ne aussi vous donner esclande autre que bon, et mectez peine de complaire à chascun; ainsi nul n'aura cause de vous hayr. Aussi parlez humblement, autant au petit que au grant, et recevez à aussi grant chère les petis dons et présens, si les vous font, pensant que autant estes vous tenue à eulx, selon leurs povres puissances, que aux autres de plus grans dons; par quoy ne vous devez faindre à les récompancer, et humblement remercier, doulcement, et plainement, sans nulles mignotizes ne préciositez, car, après, on s'en pourroit moquer, et dire que ce seroit fierté et non sçavance, et seroit tout le guerdon que vous en auriez; et aussi, trop grans mignotises ne furent oncques bien séans à femmes, en espécial, aux mariées, lesquelles, en raison, doivent avoir plus d'audience et de franchise en toutes choses que les autres, soit en parler ou autrement. Combien que, par trop parler, plusieurs femmes soient [au doy monstrées] pour ce que leur parler est effréné ou deshonneste, préjudiciable ou hors de saison. Et ne doivent telles femmes estre nommées entre nobles femmes de façon, mais doit on fouir leur compaignie comme venin; car, comme dit Cathon, la première vertus de la personne est refraindre sa langue. Aussi n'est-il pas beau à femme de façon estre morne ne trop peu enlangaigée. Car, comme dit Ovide, telz femmes, quelqu'autre perfection qu'elles aient, ressemblent à ydolles et ymaiges painctes, et ne servent, en ce monde, que d'y faire umbre, nombre et encombre. Et, pour ce, [ma] fille, mectez peine de parler doulcement, et gracieusement respondre, et deviser de propoz honnestes et plaisans, et à chascun aggréables, selon leur estat; comme, à gens de dévocion, parler de moralitez et choses prouffitables à l'ame; à gens saiges, parler modéreement de propoz honnorables; à jeunes gens et joieulx, par fois, pour oster mérencolie et passer temps, on si peult deviser en comptent quelque gracieulx compte nouveau, ou quelques plaisans mots, dont on ayt cause de rire et s'esjouyr; aux mesnagiers, deviser du gouvernement de la maison. Vous devez aussi honnorer estrangiers, s'ilz vous viennent voir en vostre hostel, ou ailleurs, si vous les y trouvez, et les devez premier entretenir que nulz autres, et deviser avec eulx, tant en leur demandant des coustumes ordonnances et habillemens de leur païs, comme en leur racontant de l'estat des seigneurs et dames de par deçà, en les louant; et touchant leurs propoz, tant en voz demandes qu'en voz responses, leur devez complaire. Aussi, ma fille, vous devez en allant de lieu en autre, quelque part que ce soit, saluer les simples gens et menu peuple, gracieusement, en inclinant la teste envers eulx, affin qu'ilz n'aient occasion de mal penser sur vous, car, si vous voullez partout avoir bon bruit, il vous fault complaire autant aux petis que aux grans; car de telz gens vient la renommée et aussi l'esclande, et pour ce se fait il bon tenir en leur amour, laquelle on ne peult mieux acquérir que par humilité, et gracieusement deviser avec eulx de leurs maris, femmes, enfans, et mesnaige, en les réconfortant en leur povreté, et admonnestant d'avoir pascience, car à ceulx qui le font, ce sont œuvres charitables, et y acquiert l'on la grâce de Dieu et du monde; et pour tant on n'y doit pas plaindre sa peine, ne espargner son langaige, qui en ce cas est bien propice et prouffitable. Doncques, ma fille, puisque bon langaige est aymé et prisé d'ung chascun, gardez vous d'estre morne, triste, ne pensive, et ne soiez pas de celles qui, par fierté ou desdaing, ne daignent parler aux gens, ne de celles qui parlent si très bas, que à peine les peult on oyr, et semble que la parolle leur couste bien cher, ou que ce leur soit grant peine que de parler, qui est bien sote manière ; car la plus noble chose que Dieu aye mise en créature, c'est la parolle, et dont il est le plus marry, quant on en use mal, tant en trop parler, comme peu : car l'ung et l'autre est mal séant, en espécial, quant on le fait à ceulx qu'on doit craindre, aymer, et obéïr, comme père, mère, ou ancestres, ou autres plus grans, seigneurs et dames. Pour tant, ma fille, quant vostre naturelle condicion seroit de peu parler, si vous conviendroit il mettre vostre effort de courtoisement parler et respondre à ceulx desquelz vous seriez en gouvernement. Et, où que vous soïez alliée, bien ou mal, haut ou bas, faictes tousjours tant que vous acquérez l'amour de Dieu et la bonne grâce du monde; ne, pour quelconque estrange ou mal plaisant alliance ou vous puissez estre, ne vous en mérencoliez ne desconfortez, ains devez louer Dieu, et croire qu'il est tout juste, et que jamais ne fait rien qui ne soit raisonnable. Donc, ma fille, s'il advenoit que y fussiez fortunée, et que y eussiez beaucop à souffrir, aiez parfaicte pascience, en vous actendant du tout à la voulenté et bon plaisir du Créateur. Aussi, pour quelque signe semblant ou occasion, que puissez jamais congnoistre à l'œil, ne pour rapportz ou autrement, si voullez vivre en paix de conscience, gardez vous de vous bouter es las de jalousie. Car, posé qu'il y eust cause évidente et notoire à chascun, si le devés vous porter pasciemment, faignant de n'en rien savoir, tant pour l'amour de Dieu, que pour l'honneur de son mary, sans soy en mérencolier, mais en rendre grâces à Dieu, et le louer en luy priant, de bon cueur qui luy plaise l'oster de ceste follie, et avoir pitié de son âme. Et affin, ma fille, que, en plus grant ardeur de cueur, aiez plus parfaicte cause de tousjours le regracier en voz adversitez, considérez songneusement la cause de vostre naissance, la seureté de vostre vie, et la fin de toutes plaisances et voluptez. Car, qui bien pensera ces trois choses, il aura plus cause de désirer l'aspre fortune que la doulce : car, de tant que au commencement la fortune est aspre et dure, de tant est, à la fin, plus doulce ; et aussi est elle au contraire, mais tousjours il fault avoir bonne pascience. A ce propoz dit Boëce, qu'en ce monde n'a point de si grant mal, que aucun bien n'en viengne, et que de délices mondaines la fin en est dampnable; et dit encores que Dieu, qui est souverainement bon, seuffre la persécution de ses amys, par plusieurs raisons: Premièrement, pour mieulx leurs pasciences esprouver, affin qu'ils aient tant plus de gloire; secondement pour les purifier, et faire semblables aux martirs; tiercement, pour les retirer de mauvais désirs et mondaines volontez, en leur donnant congnoissance de son excellente magesté et de sa doloreuse passion. Par quoy, si nous avions bon et parfaict sens, nous désirerions avoir, en ce monde, tribulacions plus que autres choses; car tribulacions et adversitez sont la voye de paradis, mais qu'on y ait pascience.

XX

Donques, ma fille, pour ceste grant joye et haulte gloire de paradis acquérir, regraciez et louez Dieu de bon cueur en toutes vos adversitez, croyant que en pourriez avoir beaucoup plus si luy plaisoit, et comme ont plusieurs autres meilleures et plus parfaictes que vous n'estes. Par quoy vous n'auriez excusacion d'en estre plus rebelle à personne, par exprès à vostre mary, ne en riens vous y moins emploier, ains luy mieulx complaire et obéïr, affin que ne fussiez cause de sa follie, et que Dieu, ne aussi le monde, ne vous en sceussent que demander; et semblablement devriez mectre peine plus que oncques mais, d'acquerre l'amour de ses seigneurs et amys, tant pour eschever les mauvais jugemens, qui, à cause du deshonneste gouvernement des folz maris, sans cause se font sur les femmes souvent; comme pour plus fort complaire à vostre mary, pour le retraire et acquérir son amour, et de ses amys, laquelle vous povez desservir en vous conduisant saigement et chastement, tant en faitz, comme en ditz: car la femme n'est pas chaste pour soy garder du fait sans plus. Aussi en leur tenant compaignie, si demouriez avec eulx, accordant à leurs plaisirs, en festoiant ceulx et celles que penserez qui leur seront aggréables, en usant de conseil en voz affaires, sans rien faire de vostre teste, car à oultrecuidées femmes semble honte et deshonneur de demander conseil et en user, et ne soiez pas de celles folles. Quand ceulx qui les doivent reprendre et conseiller leur dient ou remonstrent quelque chose pour leur bien et honneur, elles le prennent très mal en gré, et n'en tiennent compte, mais font souvent le rebours ou beaucoup pis. Et en y a d'aucunes tant bestialles, qu'elles useroient plutost du conseil des servans ou de quelque voisin aposté, que du plus honnorable conseil qui soit. Et, comme dit ung philosophe, qui laisse le conseil de ses amys, il croit de legier celui de ses ennemys, dont souvent luy meschiet, et après s'en repent, mais c'est trop tard. Et dit ce mesme philosophe, qui se eslongne de ses amys, il pert et exille son bien et son honneur. Pour ce, ma fille, tenez vous toujours près d'eulx, usant de leur bon conseil, et en les servant, à vostre pouvoir, en leurs affaires et neccessitez. Et quand ilz seroient d'estranges et merveilleuses condicions, si ne devriez vous pourtant laisser à faire tousjours votre devoir, et gracieusement les supporter en celant leurs faultes; car vous ne les pourriez si peu charger, que ce ne fust griefve charge à l'âme et grant deshonneur; car, selon ung philosophe, celuy pèche mortellement qui desceuvre ce qu'il doit celler. Par quoi on s'en doit garder, car nul bien n'en peult venir.

XXI

Au surplus, ma fille, gardez vous d'estre oyseuse et en gardez voz femmes. Car oysiveté est fille du dyable, laquelle meine dames à perdicion. Elle n'engendre pas seullement le péché de la chair, ains tous les vices. Par quoy on la doit fouir de tout son pouvoir, et en préserver ses serviteurs, en espécial les femmes, lesquelles on doit tousjours tenir en craincte et subgection, ou aultrement elles ne feroient que à leur plaisir, sans rien tenir de leur maistresse, qui seroit grand blasme à elle, et est à toutes femmes de façon grant déshonneur de le souffrir; car, soubz umbre de ceste souffrance, souvent se font faulx jugemens, et principallement sur la maistresse, comme de pencer que, s'il n'y eust quelque chose secrète en la maistresse, les femmes ne l'oseroient faire ne pencer. Par quoy on ne leur en doit rien souffrir. Aussi ne leur doit [on] pas estre trop rude, ne rebelle, ne de peu les tancer, car c'est fait de folles femmes.

XXII

ET pour tant, ma fille, si les vostres ne font ainsi qu'il appartient, remonstrez leur doulcement leurs faultes à peu de langaiges. Car, selon le proverbe, en peu de parolles gist souvent grant substance, et à bons entendeurs courtes parolles, et encores moins à ceulx qui sont obstinez en leurs perverses et maudictes oppinions, et sont incorrigibles. Par quoy on perdroit temps de les cuider chastier, et n'y a remedde, si non leur donner congé et s'en depescher soubdain. Car c'est follie de tenir telz gens. Aussi gens trop affilez, rapporteurs, rioteux, ne menteurs pour le danger qui s'en peult ensuyvir. Car souvent tout ce retourne au préjudice du maistre et de la maistresse. Si ne s'i doit on trop fier ; et, si de telz gens vous advenoit avoir, depeschez vous en gracieusement. Aussi devez vous tenir tous jours votre hostel net, et honnorable, sans souffrir ne avoir serviteurs diffamez, ne de meschant gouvernement, ne qui soient de leur honneur chargez, et mesmement des femmes, sur lesquelles aiez, en ce cas, tousjours l'œil, car vous ne leur devez aucunement souffrir estre mocqueresses, ne mesdisans, mais subgectes, crainctives, en ordonnance et reigle, chascune selon son estat, ainsi qu'il appartient en bon hostel, et tousjours leur donnez bon exemple, pour votre honneur et leur prouffit.

XXIII

EN après, ma fille, pour acquérir hault et honnorable bruyt, tel que gentilz femmes doivent avoir, et affin que personne n'ait jamais cause de vous hayr, gardez vous principallement de ce mauldit péché d'envye, lequel plusieurs folles, par leurs mauvaix couraiges, ont sur chascun, et par espécial sur les plus parfaictes, et femmes de façon, et ne peuvent ces envyeuses, tant sont oultrecuidées, oyr louer ne priser les bonnes et parfaictes, et, de tant plus qu'elles ont beaulté ou sçavoir en elles, ces envyeuses en ont plus de mal en la cervelle, et le cueur plus fort enflé ; et quant on loue et prise les femmes vertueuses, d'envye et despit quelles en ont, publicquement en dient mal. Il y en a d'aucunes tant envenimées d'envye que, pour les biens qu'elles voient aux autres, soient leurs parentes ou non, elles les prennent en hayne, par telle façon qu'elles les ravallent, par tout ou elles se treuvent, qui desplaist fort à Dieu. Et, ainsi que dit

Sainct Jehan bouche d'or, telles femmes doivent estre mises au nombre de ceulx qui par envye trahirent et crucifièrent Jhésus. Car, par leur dampnée envye, elles trahissent et mectent à mort, en leur couraige félon, ceulx que, selon Dieu, elles sont tenues d'aymer, aussi leur honneur et prouffit. Car on ne peult faire en ce monde plus grant trayson, que, secrètement, par envye, diffamer autruy, et le deshonnorer. Et est la condicion et nature d'ung envieulx telle, que, s'il ne se peult venger à son gré de celuy sur qui il a envie, qu'il vouldroit estre mort ou, l'avoir tué, et qu'il en fust vengé à son gré, mais que du faict on n'en eust congnoissance : Car telz gens ne usent que de coups couvers, et en faincte, et, en leur malice, prennent subtilz moyens, et pour eulx venger se desceuvrent à simples gens, affin qu'ilz ne puissent congnoistre leur machination, et à iceulx dient et controuvent merveilles, contre le bien et l'honneur de ceulx sur qui sont envieulx ; et les simples gens le croyent, et, comme chose vraye le publient, et certiffient estre vray dont souvent advient que plusieurs sont chargez de leur honneur, et sans cause et tout par envie. Pour tant ma fille, gardez vous bien d'en estre surprise, et pareillement ne le souffrez à nulle de vos femmes, car c'est le péché qui plus donne occasion de mesdire sur chascun, qui est une faulte non pareille, car il n'y a si bonne maison de prince, ne seigneur, si envie s'i boute une fois, qui doyve estre dite bonne, ne honnorable. Par quoy, surtout, fuyez l'acointance d'envieux. Car si le commencement en est gracieux, la fin en sera deshonnête et mauvaise.

XXIIII

Au surplus, ma fille, gardez vous d'estre mocqueresse de personne, et ne le souffrez estre à voz femmes, car c'est chose deshonnête, et signe de povre entendement. Or advient souvent que ceulx de qui on se mocque sont meilleurs et plus vertueulx que ceulx qui s'en mocquent. Et ne se doit ung noble cueur saouller de si meschante tache, mais doit on regarder et examiner l'estat de sa vie, devant que se jouer à farcer. Aussi doit on regarder s'il y a que redire en ses parens, devant que d'autruy se mocquer. Car par autruy on se doit chastier. Et n'aura jà personne cause de soy mocquer de nulz, mais qu'il ait bien considéré l'estat d'autruy et le sien. Et saichez, ma fille, que les plus parfaitz et vertueux, sont ceulx qui plus se doivent garder de faillir, et doivent excuser la simplesse des ignorans. Car en sçavoir tous ne peuvent estre esgaulx, ou par faulte d'entendement, ou d'avoir veu et apris. Ainsi, ma fille, si vous avez sçavoir, louez Dieu et bénignement, corrigez les faultes de voz subjetz, sans mocquer. Car on dit que à la fin les mocqueurs sont mocquez. Et si aucun veult dire que c'est sa nature que de se mocquer, il monstre qu'il est naturel fol, et si le fait par acoustumance, il monstre que jamais ne hanta que meschans gens. Autre chose seroit qui le feroit par jeunesse, et sans mal penser, mais il doit estre réputé à folie quant il porte préjudice à autruy. Pour tant ma fille, gardez vous en, et ceulx de vostre hostel, car c'est œuvre de meschans gens. Et si vous

aviez quelque serviteur, qui en ce
ne vous voulsist obeir, si luy donnez
congé bien tost, car il n'en fault que
ung pour gaster tous les autres. Par
quoy ne leur devez souffrir, ains gouvernez vous y saigement et secrètement, afin qu'ilz n'aient cause de
rebellion, et de vous moins obéir, affin
aussi de mieulx vous monstrer leur
maistresse, tant en port, manières,
semblans, que en atours, robbes, et
autres habillemens, lesquelz habillemens vous devez tous jours avoir
meilleurs, et plus riches que nulle de
voz femmes, et en rien ne vous en
doivent ressembler, et c'est mal fait
à celles qui le seuffrent, car les su-
perfluz habitz ne sont pas à louer,

car en toutes choses, le moïen est vertueux; pour ce je vous conseille le tenir, quelque habondance de biens ne d'honneurs que jamais vous aiez, affin que, par orgueil, vous ne courrouciez Dieu; et vous tenez à la coustume du pays, et au plaisir de vostre mary, sans grant mignotise ne curiosité, honnestement tous jours, et vos femmes en point, selon leur estat, en subgection, crainéte, humilité et doulceur, sans leur souffrir faire chose qu'il ne soit honneste.

Aussi les devez induire à dévocion, et que, pour chose qui adviengne, qu'elles ne laissent à servir Dieu, à oyr messe chascun jour, dire leurs heures et autres dévocions, prier pour les trespassés, soy confesser souvent, faire aulmosnes, et pour les consoler et esbatre leur jeunesse, aussi pour mieulx les entretenir en vostre amour, vous les povez laisser aucunes fois esbatre, chanter, dancer et gracieusement jouer en toute honnesteté, sans tasteries, bouteries, ne noises. Et vous, pour passer mérencolie, vous povez jouer et gracieusement deviser avec elles, sans trop grande familiarité, ne trop privéement parler, car en ce y a grant danger, pour ce que aucuneffois on parle contre soy mesmes, dont, après, on se repent. Car, comme dit le Philosophe, qui tient son secret couvert, il le tient en prison, et si tost qu'on l'a dit, on est en la sienne. Et croiez qu'il n'est en ce monde, point de si parfait amy, que si vous luy descouvrez vostre secret, qu'il ne lui soit adviz après que ne soiez tenue de luy complaire plus beaucop que par avant ; et cuident aucuns, quand on s'est fiez en eulx, qu'on ne les oseroit courroucer, ne rien fère sans leur conseil. Et s'il advenoit que, alors, l'accointance rompist, ilz prendroient la personne, qui se seroit fiée en eulx, en telle hayne, qu'ilz révéleroient publiquement le secret que on leur auroit dit, et par despit, diroient le pis qu'ilz pourroient, et ne leur souffiroit d'en dire ce qu'ilz en sçavent. Et est le monde aujourduy, en ceste qualité, tout corrompu, et tant qu'on ne sçait en qui se fier. Combien que cueur noble ne doit estre de si ville condicion, nonobstant qu'il semble aujourduy à plusieurs nobles, de lignaige non de couraige, estre belle chose, (et nous le voyons par expérience), de pouvoir dire et révéller quelque secret au conseil d'autruy ; et à ce faire prennent plaisir, et en cuident acquérir bruit, mesmement quand c'est le secret de gens de bien, et en cuident estre tenus à saiges, que de scavoir le conseil de grans gens. Pour ce, ma fille, advisez bien à qui vous vous fierez, et à nul ne descouvrez la chose que devez celler, car ores est amour parfaicte et entière estaincte et effacée, et, entre mille, à peine en y a ung, qui d'amour entière fasse service à autruy, sinon en intencion de practique, en quelque manière que ce soit. Et pour tant, ma fille, cellez ce qui peult toucher vostre honneur, et si c'estoit chose qui vous grevast le cueur pour le celler, et qu'il vous semblast qu'il seroit meilleur à le dire, et en demander conseil, advisez bien à qui, ne comment vous vous descouvrerez, et que ce soit à aucun du lignaige de vostre mary, ou du vostre, qui soient gens de bien, car ilz auront plus cause de le celler que autres gens. Mais aussi, ma fille, quelque lignage qui y soit, et combien qu'ilz soient tenus de le celler, si les devez vous chèrement entretenir, et leur complaire, et ne leur faire aucune rudesse, ne monstrer signe de défience, car c'est la cause principalle, pourquoy plusieurs descouvrent les secretz d'autruy, et si d'aventure il y avoit cause pour soy eslongner d'eulx, et desfier, si le doit-on fère si gracieusement, que eulx ne autres ne s'en apparçoivent, de peur que la cause n'y fust plus grande. Parquoy vous povez clèrement voir que vous ne vous y povez gouverner trop saigement en doulceur et crainéte. Aussi ne povez vous faire, quant aucun vous fait cest honneur de soy fier en vous, de quelque grand chose. Car c'est signe de parfaiéte amour, et n'en peult on monstrer de plus grande. Par quoy vous y devez emploïer de tout vostre pouvoir à les conforter et loyaument conseiller, en les cellant et excusant de ceste matière, contre tous. Car en vostre présence vous ne devez souffrir charger autruy, si vous estes la plus grande de la conpaignie, et quand vous seriez la moindre, si devez vous excuser, et parler d'autre matière joyeuse. Pour tant, ma fille, vous estes plus fort tenue à excuser ceulx qui se seroient fiez en vous que les autres, combien que telles amours et fiances sont fort dangereuses et craintives, et n'y doit on guères avoir de seurté pour la muable condicion du monde. Par quoy, qui est saige, il ne doit désirer sçavoir le conseil d'autruy, mais doit on craindre à le sçavoir. Néantmoins quant on le sçait, on s'en doit acquitter loyaulment, croiant que la faute des maulvaix ne sert que d'exemple aux bons de s'en garder.

XXV

Au surplus, ma fille, affin tousjours de bien en mieulx persévérer en l'amour de chascun, soiez tousjours humble et gracieuse, et par exprès à ceulx qui viendront devers vous, en les entretenant doulcement, sans tenir manière haultaine ne estrange, comme font aucunes femmes, qui pour leurs fières manières ressemblent estre princesses envers celles qui les vont voir, et n'en daignent, au venir d'elles ni au congé, desmarcher ung seul pas, et si, sont aucunes fois plus nobles et vertueuses celles qui viennent voir, que celles qui reçoivent, par quoy, souvent, se font mocquer, et d'elles s'eslongnent gens de bien. Pour ce, ma fille, soiez tousjours preste à faire honneur à chascun en vostre hostel, par espécial, aux nobles et femmes de façon, et n'y plaignez pas vostre peine, sans abaisser noblesse, car qui la meċt bas, il monstre qu'il a lasche couraige. Aussi croiez que grant sçavoir ne fut onc sans vertu, à laquelle gist noblesse, car premier elle y fust trouvée. Par quoy on ne peult les sçavans trop honnorer pour les vertus qu'ilz ont. Et si vous leur faictes plaisir, ilz le vous rendront au double, en honneur, ou en renommée, qui vous donneront partout où ilz se trouveront, et à telz gens fait il bon tenir doulx termes, et ne faire pas comme font aucunes folles femmes qui pour ung rien se fument et courroucent. Aussi, ma fille, ne soiez point si muable ny volage de couraige, que vous vous ennuyez de gens de façon, et que du jour au lendemain vous les eslongnez de vous, et ne controuvez pas les occasions pour ce faire. Car, au jour d'huy, ilz sont si clers semez que quant on les a, on les doit bien cher tenir sans leur monstrer rigueur. Mais on les doit privéement festoïer, ou de nouveaulx fruitz, ou les faire boire, et, sans soy excuser, boire avec eulx, et posé que à cette heure, grevast le boire, si en doit-on faire les manières, pour eschever les parolles. Car aussi ces mynes n'apartiennent pas de faire, sinon à grans maistresses. Et aussi en prenant le vin, povez boire à quelqu'ung en le priant d'ung autre, ou vous lui penserez complaire. Pour ce, ma fille, gardez vous bien de faire faulte en ce. Item aussi, vous devez tous jours accompaigner de femmes honnorables, et ne vous travailler d'entretenir les autres, tant soient elles nobles de lignaige, si elles ne le sont de couraige. Car de gens vertueux on apprend tous jours quelque bonne doctrine, et des autres non. Aussi chascun doit désirer de hanter son semblable. Pour ce, ma fille, si Dieu vous donne des enfans, ne luy demandez autre bien pour eulx, sinon qu'ilz puissent estre bons et vertueux, et est la principalle introduction que leur devez bailler, et devez bien regarder par qui vous les faictes baptiser, lever à l'autel, ne nourrir, car ceux-là doivent estre saiges et de honnestes condicions, sans faire comme font aucuns, à qui il ne chault qui baptise ou tienne leurs enfants, mais qu'ilz le soient haultement et noblement, qui n'est pas sens, pour doubte qui ne tiennent. aucunes imperfections de ceulx qui les auront baptisez et tenus. Si s'en doit l'on garder, car c'est grand dueil que voir ses enfants mal condicionez. Et, au contraire, en ce monde, n'a telle joye au père et à la mère, que avoir enfans saiges et bien endoctrinez. Par quoy n'y devez plaindre vostre peine, à les bien enseigner et aprendre, selon vostre pouvoir, et leur petit entendement, premièrement les articles de la foy, les commandements de la loy, et en quelle manière on y peult pécher ; aussi des sept péchez mortelz, et comment on se doit confesser, leurs contenances à l'église et aux prédications, et comment, en grant révérence et humilité de cueur, doivent recevoir leur créateur. Et s'il advient que aucun de voz enfants aye dévotion d'estre en religion, louez Dieu, et ne leur desconseillez pas, mais aussi ne soiez si hastive de les y mectre, qu'ils n'aient eage, et sens pour eulx congnoistre. Et s'il advenoit ainsi, devez eslire religion fermée, et bien tenant l'ordre, car vous consantir à aultres seroit follie, pour le danger qui en peult advenir. Aussi gardez bien que, autour d'eulx, n'y ait gens de maulvaix gouvernement, affin qu'ilz n'y preignent mauvais exemple, et leur remonstrez le grant bien et honneur qui vient pour estre humble et véritable. Et sur voz filles, tant comme elles seront jeunes, y devez souvent avoir l'œil, pour tant que c'est charge bien dangereuse.

XXV

OULTRE, ma fille, les devez tenir raisonnablement habillées, sans grant orgueil, affin que sur elles on n'aye nulle envye. Car, comme je vous ay dit devant, par l'envye des maulvaix sont plusieurs reboutez de leur bien et avancement; pour ce, meċtez raison partout, en leur donnant exemple de bien en mieulx. Et quant elles seront en eage de porter atours, peu à peu vous devez laisser les vostres, en vous conduisant tous jours honnorablement, affin qu'on n'aye occasion d'en mal parler, sans faire ainsi que ces oultrecuidées mères, à qui il semble beau d'estre veues devant leur filles, auprès des quelles elles souvent ressemblent estre grans mères, dont elles sont mocquées. Par quoy il s'en fait bon garder, pendant qu'il est assez d'autres gracieux passetemps, en cest eage. Combien que je ne veulx pas dire, que nobles femmes, en quelque eage ou estat qu'elles soient, ne se puissent en raison mieulx monstrer que nulle des autres. Et, depuis que une femme a passé quarente ans, quelque beaulté que jamais elle ait eue, l'on voit qu'il n'est habillement, tant soit bien fait, qui luy puisse musser les fronces du visaige. Par quoi l'on se [doit] maintenir selon l'eage que l'on a. Et ne soiez pas de celles à qui ne chault d'avoir esté en jeunesse de meschant gouvernement, et ne leur souffit pas, si, pareillement, ne le font en viellesse; et leur semble honneste, chose, quant, en cest eage, elles sont visitées de quelque gentil homme, à leur plaisir; et cuident bien estre aymées, et, soubz umbre de bonne amour, il y a beaucop de maulvaises intencions. Et telles alliances, aucunes fois, se prochassent par femmes envyeuses, pour les tromper et abuser, et, à la fin, s'en farcer et mocquer, pour en estre vengées à leur gré. Aussi, par foys, elles sont entretenues, pour, sans plus, faire despit à quelque autre, sur qui ilz ont envye, de ce qu'ilz ont plus d'audience, ou d'avancement, que nulles des autres, ce qu'ilz ne peuvent veoir, et, sans ce qu'il y aye brin d'amour, ilz mectent peine d'iceulx eslongner par leurs finesses, pour eulx loger en leur lieu, et cuident ces folles estre mieulx aymées de ceulx-cy que des autres, pour les termes qui leur tiennent, et en ceste manière se déçoivent elles mesmes, et de fiebvre se mectent en chault mal, et, par leur follie, se deshonnorent, et, en cest eage, le péché est beaucop plus grant qu'en jeunesse.

Aussi, les hommes qui le prochassent, en tel eage pèchent plus grièvement. Combien que en quelque eaige que l'on soit, le commencement est maulvaix, et la fin pire beaucop.

XXVI

Pour tant, ma fille, en quelque eage que soiez, gardez que ne seriez trompée, et vous souviengne de ce que vous ay dit devant, car, pour bien peu, l'on se fait donner blasme, et de soy mocquer, mesmement de lourdeaulx, esquelz il semble bon bruit, quant, par leurs finesses, ils peuvent avoir cause de eulx farcer de quelque femme, et tant plus est de grant façon, et plus leur semble la ventence honnorable, et en dient plus qu'il n'en y a. Et plus sont en grant compaignie, et plus hault et avant en parlent, car ilz veulent que chascun le sache, ou par leurs parolles, ou par évidens signes. Finablement ce sont tous semblans faintifz et contrefaitz, car il n'y a si noble qui n'y ait le couraige corrompu, ny n'est si ferme, qui en ce cuide que la trayson soit desraisonnable, et s'il en y a ung qui y vueille aller le droit chemin, les autres ne s'en font que mocquer en diverses manières, tant est le monde corrompu, et, en ce cas, désordonné. Car l'on n'y use de raison ny conscience : de quoy devons avoir grant peur, pour les pugnicions qui en peuvent advenir. Si doit l'on tenir pour saiges celles qui se gardent saigement et chastement. Aussi, ma fille, en quelque lieu que soiez, ne faictes pas comme ces femmes nyces, qui, en compaignie, n'ont point de maintien ne de contenance, et ne sçavent dire ne respondre ung seul mot, quant on parle à elles, et font semblant d'en rien ouyr, soit à leur honneur, ou pour esbat, et si elles respondent, si est ce en chère basse et rude, qui est manière très deshonneste, et oncques femme noble n'eust ce couraige, et si elle l'a, elle n'est pas noble. Car la nature des nobles doit estre d'acroistre leur renommée de bien en mieulx tant en vertus que en sçavoir, affin qu'il en soit mémoire. Pour ce, ma fille, prenez y garde, et comme j'ai dit, prenez le moien estat, et le baillez à voz filles, en les tenant honnestement de leurs habitz, car il siet mal veoir filles à marier nicement habillées, et doit avoir diférence des habitz de voz filles à ceulx des parentes de vostre mary, et, selon leur degré, et qu'elles sont de bon gouvernement, autrement non. Et celles qui autrement le font, pèchent, et sont cause de faire prendre estat à plusieurs bourgeoises de ville, ausquelles semble qu'elles le peuvent aussi bien faire que simples demoyselles qui servent, en quoy les marys ont de grans dommaiges; pour ce, ma fille, en ceste qualité, tenez tousjours le moien et la reigle, tant sur vous qu'en voz femmes et filles, affin que vostre renommée soit digne de mémoire perpétuelle.

XXVII

Aussi, ma fille, si Dieu, au temps advenir, prenoit vostre mary, ou qu'il allast en guerre, ou en lieu dangereux, et que vous demourissiez vefve, ou seulle et chargée d'enfants, comme plusieurs jeunes femmes, aiez bonne pascience, puis qu'il plaist à Dieu, et vous y gouvernez saigement, sans faire comme ces folles, qui effraiées se tempestent et crient, et font veuz et promesses, dont il ne leur souvient deux jours après; et à d'aucunes ne chault de leur honneur, et n'en laissent de rien à trotter, sans qu'il leur souviengne plus de leur bon mary qui est mort, n'a pas par advanture ung moys, qui est moult deshonneste à femmes de bien; et celles chargent leur honneur, et recullent le bien de leurs filles, et non sans cause. Pour ce, ma fille, prenez y garde, si le cas vous advient; et vous y conduisez doulcement et craintivement. Au regard du dueil, le plus grant n'est pas le plus loué. Car, comme j'ay dit devant, en toutes choses on doit tenir le moien, voire ès choses esquelles on puist courroucer Dieu par excès; mais de prières, jeusnes, et aulmosnes, femmes vefves n'en peuvent trop faire : car dévotion doit estre la principalle occupation des femmes vefves. Et du gouvernement de leurs terres et besongnes, ne s'en doivent actendre que à elles, touchant la souveraineté, ne n'en doivent donner puissance à nul qui soit. Et alors, vous devez vous garder d'avoir serviteurs trompeurs ne cuydereaulx, en espécial ceulx à qui souvent ont à besongner, pour les charges qui s'en peuvent ensuyvir, tant sur vous que sur voz filles, soient les serviteurs, parens, ou aultres; car maintes femmes ont été diffamées par leurs mesmes serviteurs, dont c'est grant pitié, quant noblesse est foullée par ceulx de qui elle doit estre supportée. Pour tant, ma fille, si fortune vous est jamais telle, gouvernez vous y saigement, sans y acquerre maulvaise renommée; et, après que vous aurez songneusement servy Dieu, pensez de bien conduire vos enfants en bonne doctrine, et de les aymer de bonne amour et honneste, et ne faire pas comme aucuns folz pères et mères, à qui ne chault d'acquérir à leurs enfants bonnes vertus, mais leur suffit de les veoir hault eslevez, qui est chose diabolicque, et dampnable. Car après, souvent les enfans en maudissent pères et mères, car des haulx honneurs de ce monde n'est en fin que abus et déception. Et advient souvent, que les enfans, ainsi hault eslevez, oblient Dieu, et descongnoissent père et mère par leur grant follie et présumpcion, et en ce sont aveuglez les pères et mères. Et en ay veu d'aucunes gentilz femmes, qui avoient leurs filles mariées à chevaliers, lesquelles mères servoient leurs filles en mainte manière, qui est grant besterie à toutes deux, car c'est oultrecuidance à la fille, et à la mère parfaicte follie.

XXVIII

Et pour tant, ma fille, prenez y garde, et suivez tous jours le moyen, car il est honnorable, et en acquiert l'on la grâce de Dieu, et l'amour de ses amys, pour laquelle avoir on doit mectre peine de soy gouverner par leur conseil. Et si ainsi le faictes, vous leur donrrez occasion de vous aymer et priser, et si autrement le faictes, on le vous imputera à fierté, et desdaing, et le nom de noblesse en perdrez ; car noblesse ne fut jamais trouvée, si non en cueur humble, begnin et courtois, et est toute autre perfection réputée ville, sans les vertus susdictes, quelque beaulté, jeunesse, richesse, ou puissance, qu'on ait, qui sont les choses qui mainent les gens en la montaigne de mescongnoissance, tant qu'ilz ne congnoissent eulx ny leurs parens et amys, par quoy les perdent, et toutes fois on n'en peult trop avoir. Aussi, pour la multitude des parens et amys, on ne se doit orguillir. Car, comme dit le proverbe, en prospérité tu trouveras assez amys, mais en adversité, peu, car ils faillent au besoing, comme le cheval au pied blanc ; aussi es biens de fortune n'y a rien ferme ny estable. Car on en voit aujourd[h]uy de bien hault montez qui, dedans deux jours, sont fort ravallez. Par ainsi

on ne sy doit fier ne soy en eslever.
Mais s'en doit on humilier, et remercier Dieu, en espécial les nobles couraiges, en qui toute exemple d'humilité doit apparoir et reluire. Aussi, ma fille, n'acquérez rien injustement, ny ne joyssez de la chose mal acquise, car c'est damnation d'âme. Au surplus, ne vous fiez en jeunesse, force, ne beaulté, car nous n'avons une seulle heure de seureté, quelque jeune fort ou beau que soions. Et au regard de beaulté, c'est la plus préjudiciable grâce et maindre, que Dieu puisse donner à la créature, et qui plus tost se passe, car pour une fiebvre, elle est perdue. Et pour ce, ma fille, fuyez ces folles oultrecui-

dances, car ce sont choses diaboliques, et dont Dieu se courrouce, premièrement, comme j'ay dit, en trop soy élevant et oultrecuidant ; secondement pour les murmures et haynnes qui en procèdent ; tiercement, pour ne faire honneur à qui on doit, qui est déshonneste chose à femmes nobles, qui, de leur condicion, doivent avoir le cueur si bon, qu'elles ne doivent jamais rien retenir de l'onneur et courtoisie qu'elles doivent incessamment faire à chascun, à cause des grans grâces que Dieu leur fait journellement. Pour ce, ma fille, ne vous y faignez pas. Car quant plus leur ferez d'honneur, et plus accroistrez le vostre, car il n'est rien plus délectable à veoir en femme noble, que vertueux sçavoir, lequel se monstre plus es nobles que es autres. Mais il ne souffit pas d'ouvrir la bouche, et saluer entre les dens, ains fault avecques parolle doulce, et inclinacion de chef, faire à chascun selon [son estat] et devez faire conscience de retenir ce qui leur est deu. Ainsi, à toute personne vous devez faire, soit d'entrée, soit du congé, car ce sont faitz de noblesse, et en acquiert on bonne renommée, et d'amys grant nombre, qui vous doit esmouvoir à humilité, penseant que les plus grans en doivent le plus avoir. Pour tant, ma fille, prenez-y garde, et grant louenge vous en aurez, et qui est bien saige, ne se doit faindre en sa jeunesse d'ensuyvir ces vertus. Par quoy, je vous conseille de les ficher en vostre cueur, affin que à jamais elles vous puissent servir, et estre vostre reigle en vostre eage, sans lors commencer à apprendre quant vous devrez sçavoir, combien que ce n'est pas honte d'apprendre tous jours; et pour ce fréquentez les saiges, pour apprendre et retenir quelques bons enseignemens et doctrines; et ne soiez pas de ces folles oultrecuidées, que, quant on les reprent ou enseigne doulcement, elles le prennent à despit, et en font pis. Car de leur oultrecuidance, elles cuident estre des plus saiges et sçavantes, et ainsi se noyent en leur propre sens.

Aussi dit on communément, qu'il n'est fol sinon celuy qui cuide estre saige, et avoir plus veu et retenu, comme une jeune personne, combien qu'il est impossible que les plus anciens n'ayent le plus veu; aussi est-ce ung des plus grans signes d'amour qu'on puisse monstrer à autruy, que doulcement le reprendre de ses faultes. Par quoy, ma fille, si Dieu vous donne amys qui vous remonstrent, de bon cueur les devez remercier, et prendre peine de mettre à effect ce qu'ilz vous enseigneront, sans vous fier en sens que vous aiez.

XXIX

FINABLEMENT, ma fille, pour conseil et généralle reigle, faictes que tous voz désirs, œuvres, vouloirs et souhaitz, soient en Dieu, et à sa louenge, en vous actendant à sa grâce et juste disposition, en grant humilité de cueur, et aiez en luy ferme foy et espérance, en luy recommandant vostre âme et voz affaire[s], et aussi à la doulce vierge Marie, en luy priant que, de sa grâce, vueille estre vostre advocate vers son cher filz, et le prier que, en ce monde, vous puissez vivre sans [avoir aulcune] reprouche, mais en toute purité et netteté puissez garder vostre honneur. Car c'est ung trésor précieux, lequel doit estre gardé chèrement. Et ne peult estre si peu quassé ou effacé, que jamais on y trouve réparation digne à y satisfaire, tant l'honneur est noble et excellent, quant il est entièrement bien gardé. Par quoy, ma fille, vous ne le pourrez trop chèrement garder, de peur que n'en soiez déceue. Et, s'il advenoit que aucun vous feist requeste, si ne vous en devez en rien troubler, ne estre honteuse. Mais, gracieusement, devez faire voz excuses, à quelque homme que ce soit, grant ou petit, et tousjours user de parolles doulces et humbles, car plus en serez prisée, et moins requise de vostre déshonneur. Et croiez, quant vous y feriez fières responces, que plus tost on vous requerrera, penceant que ce vice n'est pas seul, et que à la fin ne serez pas si despite, et que brief viendront à bout de leur queste : si fait doncques bon estre doulce en toutes choses.

XXX

ET pour tant, ma fille, si le cas vous advient, conduisez vous y saigement, ainsi que femmes de façon doivent faire, et vous recommandez de bon cueur à la vierge Marie, et elle vous secourira en toutes voz neccessitez et affaires. Soiez tousjours en port honnorable, en manière froide et asseurée, humble regard, basse parolle, constante et ferme, tous jours en ung propoz, sans fléchir. Et touchant voz excuses envers ceulx qui vous feroient requestes desraisonnables, povez dire que ne croiriez jamais qu'ils eussent le couraige si bas ravallé, que le mettre en si villes choses, en leur remonstrant les éternelles joyes et honnorables louenges, que on acquiert par l'excellente vertu de chasteté, sans vous muer de vostre bon propoz, pour promesses, ne parolles quelzconques. Et, sur toutes choses, on doit fuyr l'accointance de telz gens, car c'est souverain remède pour bien soy garder. Je ne vueil pas dire, qu'on ne se doive trouver en toutes bonnes compaignies, et oyr parler et respondre à toutes questions, et propoz honnestes, et y peult avoir aucunes fois autant de bien que de mal. Car, suppo[sé] que ung chasteau soit de belle et bonne garde, qui jamais ne fut assailly, si n'est-il pas à louer, ne le chevallier de sa prouesse à recommander, qui oncques ne furent esprouvez. Aussi, au fait contraire, la chose est de grant recommandacion, qui est au feu et ne peult ardoir ne empirer, et qui est ès terribles ondes de la mer, et ne se peult noyer, et qui est ès fanges de ce monde, et ne se soulle, en manière qui soit. Si sont doncques dignes de estre louées les femmes qui, en ce misérable monde, sçavent vivre en pureté de conscience et chasteté, et sont dignes d'avoir gloire éternelle. Car par leur ferme chasteté et bonne vertu, sont cause de réduire les folz, désordonnez en leur charnalité, à bonne voye. Car, comme on dit, l'abit ne fait pas le moyne. Et ceulx qu'on cuide aucunes fois les plus fors trompeurs et mondains, sont plus aisez à convertir et de plus grant recommandacion. Nonobstant que, en cestuy cas, il n'y a point de fiance, et vous conseille plus le doubte que la seureté. Car, comme dit Sainct Pol, les assaulx et esguillons de ce monde sont fors à passer, sinon que ce soit par l'aide de Dieu, auquel rien n'est impossible.

XXXI

ET pour tant, ma fille, pour venir à la conclusion de nostre matière, pour acquérir icelle haultaine gloire, et grant grace, aussi vous mieulx attraire à dévocion, et vous garder des temptacions qui vous peuvent advenir pour les causes susdictes: délicieuses nourritures, gaieté de couraige, ou autres causes, pensez songneusement que, à la fin, il fault mourir. Par quoy devez mectre peine de si bien vivre, que n'aiez cause de doubter la fin, et que puissez avoir la grâce de Dieu en ce monde, et, en l'autre, sa gloire, laquelle vous octroye le père le filz et le sainct esperit.

Extraict d'une ESPITRE CONSOLATOIRE TRANSMISE A UNE DAME NOMMÉE KATERINE DE NEUFVILLE, DAME DE FRÈNE, SUR LA MORT ET TRESPAS DE SON PREMIER ET SEUL FILZ, *luy réduysant à mémoire l'exemple de la dame du Chastel en Bretaigne, laquelle fut si constante et vertueuse, que pour oster les douleurs de son mary, et le reconforter, et aussi pour sauver son honneur, habandonna la vraye et nature[lle] amour de son filz, comme appert par l'exemple qui s'ensuit :*

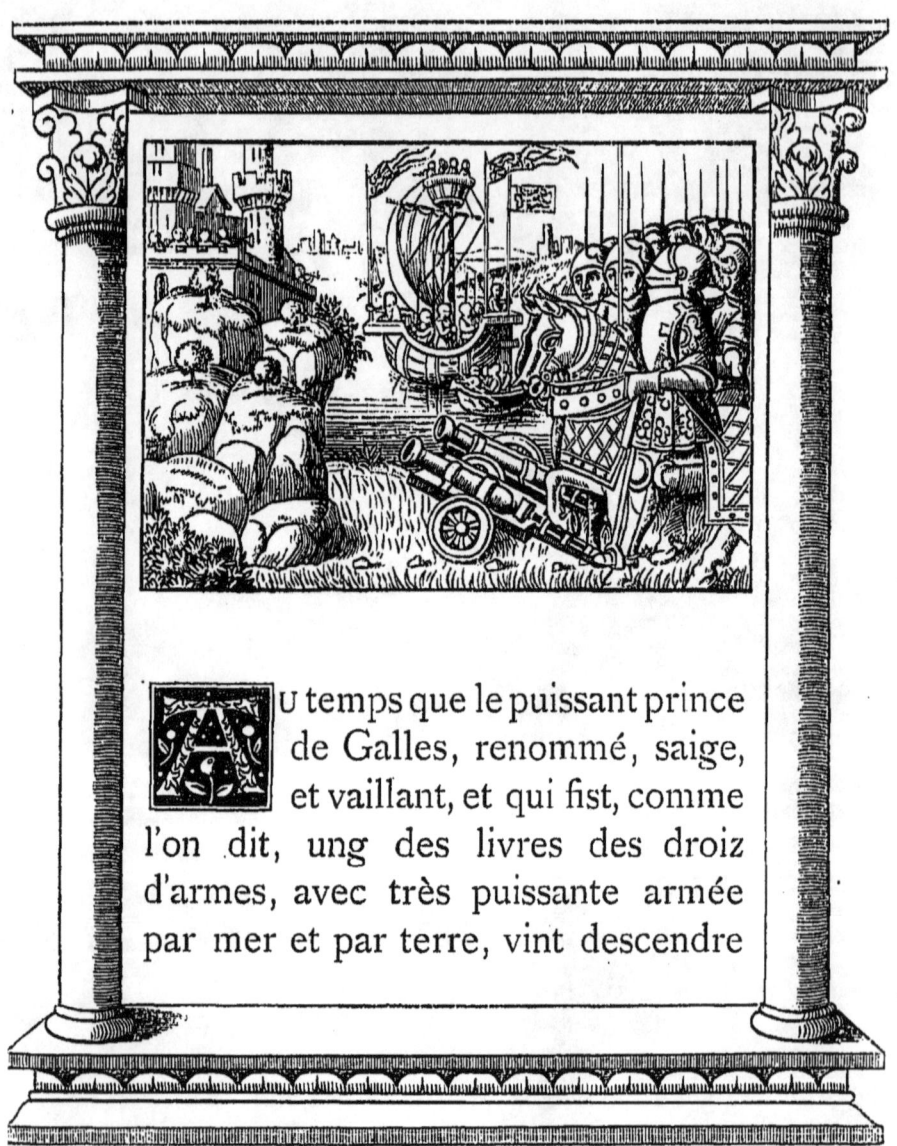

Au temps que le puissant prince de Galles, renommé, saige, et vaillant, et qui fist, comme l'on dit, ung des livres des droiz d'armes, avec très puissante armée par mer et par terre, vint descendre en Bretaigne, et assiéger le très-fort chasteau et ville de Brest, il y avoit dedans la place le seigneur du Chastel en basse Bretaigne, qui en estoit capitaine pour le roy, lequel, par la longueur du siége, et que vivres et secours lui failloient, luy fut force de composer et prendre jour avec ledit prince de rendre la place, si au jour entrepris il n'estoit secouru. Et assembla ses parens et amys qui là estoient, et consantant dudit party. Mais il n'y eut celuy qui se vousist meƈtre en ostaige, parquoy fut contrainƈt ledit capitaine, livrer et envoyer son seul filz, de l'eage de treze ans, et lors fut d'ung costé et d'autre prise la tresve, jusques audit jour.

E capitaine depescha ung homme incontinent pour aller devers le roy, et lui faire sçavoir la dicte composicion, pour avoir secours. Et pour ce que, en celuy temps, pour les divisions qui estoient en France, le roy moult travaillé par force d'armes ne le peust par mer ne par terre secourir, mais fist ordonner que une grosse nef, bien armée, fust chargée de toutes victuailles et munitions neccessaires pour la dicte place, laquelle fut adventurée, et mise en la garde de Dieu. Advint, ainsi que les choses que Dieu garde sont les mieulx gardées, que cette nef eut le temps à souhaict, et tellement fut aidée de Dieu, que, malgré l'armée du prince qui par mer estoit, elle passa, et fut saulvée, et retirée soubz le chastel, le IIIIe jour avant que la place deust estre rendue. Lors, par ce moien, elle fut secourue, dont y eut merveilleuse joye, mais peu dura.

E jour ensuivant que la nef arriva, le capitaine manda au prince Chastel son hérault, avecques gracieuses lectres, le priant et requérant de lui rendre son ostaige, puisqu'il estoit secouru, en luy offrant des vivres de la nef, tout à son plaisir. Le prince, très deplaisant de ce secours venu, dont avoit toute espérance perdue, son temps et la despence, et la honte qu'il en avoit, refusa au hérault luy rendre ledit ostaige, s'il n'avoit la place, ainsi que plus à plain par son roy d'armes luy manderoit. Chastel le hérault, après ceste response eue, se partit, laquelle il dist à son seigneur. Lequel oyant la fière responce du prince, doubta bien qu'il entendoit s'il n'avoit la place, il feroit par despit toute la rigueur à son fils qu'il pourroit. Lors assembla tous ses parens et amys, qui là estoient, et leur dist la responce du prince, et puis l'ung après l'autre

il leur demanda leurs oppinions. Dont
chascun fut esmerveillé de la dure
responce, puis regardans l'ung l'autre,
ilz estoient si perplex, qu'il n'y avoit
celuy qui voulsist parler le premier.
Enfin il y en eust ung qui commencea,
et dist qu'il ne povoit croire que le
prince voulsist aller contre son seellé,
lequel contenoit de rendre le filz du
seigneur du Chastel qu'il tenoit en
ostaige, réservé cas naturel et de la
volunté de Dieu, si ainsi estoit qu'il
fust secouru, ou qu'il rendist la place
à faulte de secours. « Or ne peult
« il dire raisonnablement que vous,
« monseigneur, ne soiez secouru, et
« principalement de vivres par quoy
« vous rendez. Si me semble que sa

« rigoreuse responce n'est que pour
« vous faire paour. Et quant il voul-
« droit user de force et cruaulté,
« quant à moy, du rendre ou du
« garder, mon sens ne s'i estend
« plus. Je n'ay serment que à vous,
« comme notre chef, que tous obéyr
« devons. » Les aultres furent tous
de ceste oppinion, toutes fois con-
clurent que à rendre la place ne
voyoient point la façon, à loyaulment
conseiller, sans leur grant deshonneur;
et ces parolles dictes, le cappitaine,
qui voyoit qu'ilz avoient raison, sortit
de la chambre, en grand destresse de
cueur, sans mot dire.

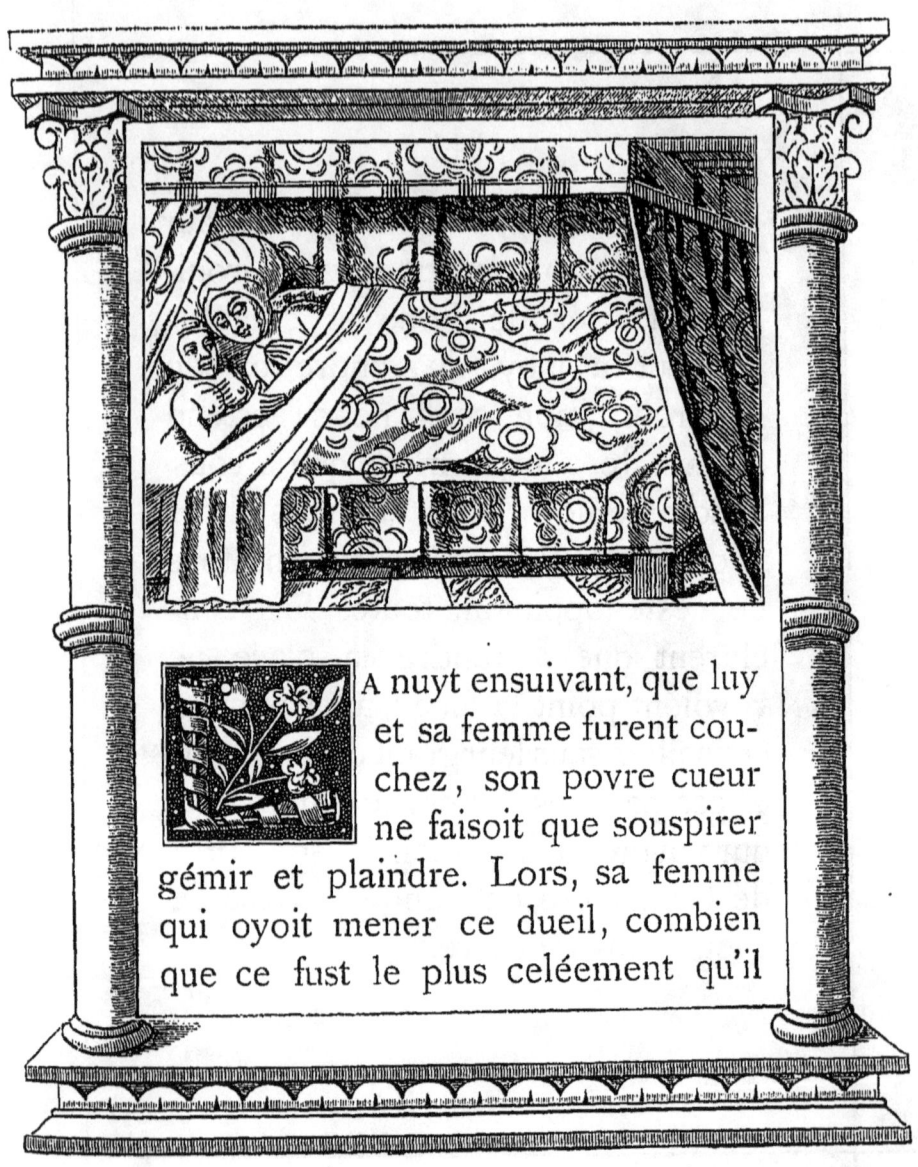

A nuyt ensuivant, que luy et sa femme furent couchez, son povre cueur ne faisoit que souspirer gémir et plaindre. Lors, sa femme qui oyoit mener ce dueil, combien que ce fust le plus celéement qu'il

pouvoit, s'aprocha, et luy dist : « Mon-
« seigneur, il me semble que vostre
« grant joye du jourduy a peu duré,
« selon que j'apperçoy par voz
« plainctes. Monseigneur, mon amy,
« qu'avez vous ? Si prière de femme
« peult avoir lieu envers son Seigneur,
« je vous supply, dictes le moy. » —
« Ha! a! m'amye » dist-il, « trop tost
« vous le sçaurez. » — « Las! mon-
« seigneur, » dist la femme, « puis-
« que sçavoir je le doy, à joinctes
« mains, je vous prie que ce soit
« maintenant. » Lors, à très-grans
souppirs, le cappitaine dist: « m'amye,
« c'est bien raison que le saichez, »
et commencea, en grant destresse, à
luy dire de mot à mot, comment par

Chastel son hérault, il avoit requis et sommé le prince, qui luy rendist son filz, puisque, par le voulloir de Dieu, il estoit secouru. Mais que le prince avoit fait très-cruelle responce, et comment, pour icelle, il avoit assemblé tous ses parens et amys, qui là estoient, ausquelz il avoit demandé leur conseil et advis, et de la responce qu'ilz luy feirent. Et quant sa femme entendit ces parolles, elle qui, par le secours venu, ainsi que tous ceulx de léans disoient, cuydoit bien recouvrer son très-aymé fils, la douleur de son cueur tellement la destraingnit, qu'elle en cuida morir. Et fut le dueil d'eulx deux si très-grant, qu'il seroit presque impossible le raconter. Et toute celle nuyt, eulx leurs amys et serviteurs démenèrent merveilleux dueil, et jusques à la responce que fist le prince.

E IIIe jour après que la nef fut venue, et le jour devant que la place se deust rendre,

le prince manda au capitaine son roy d'armes, accompaigné de deux héraulx chascun portant sa cotte d'armes vestue, pour le admonester et sommer; et quant ilz furent léans entrez, présens tous ceulx qui y estoient, dirent au capitaine : « Monsieur le capitaine,
« le très-excellent et puissant prince
« de Galles, nostre très redoubté
« seigneur, nous envoye devers vous,
« pour vous admonester et sommer
« de vostre honneur; et vostre devoir
« c'est de lui rendre ceste place,
« demain, à heure de tierce, si entre
« deux n'estes, par mer ou par terre,
« secouru à force d'armes, ainsi que
« vostre scellé le porte, dont véez en
« cy le double. Et si autrement le

« faictes, il vous fait signifier par
« nous ses officiers d'armes et per-
« sonnes publiques, que vostre os-
« taige sera confisqué. »

Quand le roy d'armes eut achevé de parler, le capitaine, qui sçavoit bien le contenu du compromis, si le fist lire publicquement ; puis dist ausdiz roy d'armes et héraulx : « Mes amys,
« l'original de nostre convenance est
« tout ainsi. Si m'esmerveille de
« Monseigneur, ung tel prince, et si
« renommé qu'il est, que par mon
« seellé, et par vous, me somme de
« rendre ceste place, quand il sçait
« bien, et vous tous, que la cause
« pour quoy je me devoys rendre,
« c'étoit par faulte de vivres : or,

« malgré son armée de mer, j'ai esté
« secouru. Doncques, par droicte
« raison, il ne peult, et ne me doit
« riens demander. Je lui ay envoyé
« Chastel, mon hérault, le prier et
« requérir, et par son seellé sommer,
« de me rendre mon ostaige, comme
« raisonnablement le doit faire, ce
« qu'il m'a refusé. Néantmoins, si ay-
« je espérance en sa haulte noblesse,
« qu'il ne me fera nul tort. Et s'il
« voulloit dire qu'il eust meilleur
« raison que moy, je lui oseroys bien
« dire le contraire, fust devant juge,
« ou par mon corps monstrer. » Les
roy d'armes et héraulx voulurent
prendre congé de luy, mais avant le
partir y leur dist : « Vous me recom-

« manderez très humblement à la
« bonne grâce de monseigneur, et à
« Dieu, soiez, mes amys. »

PRÈS que les héraulx furent partis, le capitaine fist de rechef assembler tous ses parens et amys, et voulut encores sçavoir d'eulx leur oppinion. Et quant ilz furent assemblez, en monstrant à son regard et parler, estre assez plus joyeulx que son triste et dollent cueur n'estoit, il leur dit : « Messieurs et « mes amys, vous avez oy le fier et « rigoreux parler de ce prince. Si « vous prie tous que m'en vueilliez « encores quelque bon conseil don- « ner, et n'ayez esgard fors à noz « devoirs et honneur. » Pour abré- ger, il n'y eut celuy qui lui voulsist donner autre conseil que le premier. Et quant il vit que autre chose n'en povoit avoir, en la meilleure chère qu'il peust, s'en alla disner. Toutes fois, quelque beau semblant qu'il feist,

son piteux cueur ne cessoit de penser, et pareillement celuy de sa très-déconfortée femme incessamment soupiroit, en mauldissant l'heure et le jour qu'ilz avoient pris la charge de celle place. Quant la nuyt fut venue, et ilz furent couchez, le capitaine dist à sa femme : « M'amye,
« je vous prie que ung peu, cessez
« vostre dueil, et m'escoutez. Il a pleu
« à nostre seigneur que nous deux
« aions esté conjointz par mariage,
« par la grâce duquel avons eu ung
« seul filz, lequel, à faulte de vivres,
« comme sçavez, livré en ostaige
« l'avons. Or est advenu que nous
« en advons esté bien secouruz. Mais
« ce faulx et tirant prince, à son

« parler, veult avoir ceste place, ou
« nostre fils est en danger, dont me
« convient et est force pour le recou-
« vrer, de rendre la place et à jamais
« estre deshonnoré. » Et à ces
parolles recommença ses doloreux
plains en disant : « Ne suis-je pas, sur
« tous les vivans, le plus défortuné
« et malheureux ? Pourquoi veins-je
« oncques sur terre, pour estre con-
« dampné à perdre si malheureu-
« sement mon honneur ! Où est plus
« le seigneur qui me advouera, ne
« qui me vouldra ? Où est l'amy qui
« plus me chérira, et le serviteur qui
« me servira ? Et où est la terre qui
« me soustiendra : Mon Dieu ! mon
« créateur ! aiez mercy de moi ! et

« me délivrez de la douleur mortelle
« que mon povre cueur seuffre, quant,
« pour bien faire, je perds mon hon-
« neur, ou de mon enfant je suis le
« boucher, qui l'ay livré à mort. » Et
ces parolles finies, le cueur luy fault,
et ne peult plus mot dire. Sa femme
qui, d'autre part, son grand deuil
menoit, voiant perdre l'onneur de
son mary, ou son tant beau, et gracieux filz, qui, au rapport d'ung
chascun, de l'aage de XIII ans ne s'en
trouvoit ung pareil, doubta que son
mary n'en print la mort. Lors en son
cueur pensea, et dist en soy mesme.
« Las! povre ; s'il se meurt, tu as bien
« tout perdu! » Et en ce pensement,
elle l'appella, mais il n'en entendit

riens, et lors elle en s'escriant lui
dist: « Ha, monseigneur, pour Dieu
« mercy ! aiez pitié de moy, vostre
« povre femme, qui sans reprocher
« nul service, vous ay si loyaument
« aymé servi et honnoré, en vous
« priant à joinctes mains, que ne
« vueillez pas vous, moy, et nostre
« filz perdre ainsi à ung seul cop ! »
Et quant le capitaine entendit sa
femme ainsi parler, à chief de pièce,
il respondit en tressaillant : « M'amye
« qu'esse que vous voullez dire ?
« Combien que vous aiez besoin de
« reconfort [autant] ou plus que moy,
« et que je deusse estre celuy qui
« vous donnast consolacion, néant-
« moins, considérant que je suis

« cause de la perdicion de nostre
« enfant, je désire plus la mort que
« de vivre après luy, s'il est ainsi
« qu'il en meure. D'autre part, si
« l'eschange pouvoit estre faicte de
« moy à luy, ce seroit le baston de
« vostre vieillesse, et pourriez trou-
« ver party d'aussi bon endroit, et, à
« l'aventure, meilleur que je ne suis. »
Toutes ces parolles, et plusieurs
autres qui seroient longues à raconter, disoit le capitaine, homme preux
et sçavant, pour consoler sa femme,
laquelle, après avoir oy ce que son
mary luy disoit, laissant le couraige
fémenin, renforça sa parolle en disant : « Mon seigneur, et mon cher
« amy, je ne suis pas ignorante que

« vous n'aiez, et non sans cause,
« beaucop de dueil et ennuy, pour
« plusieurs raisons, que trop mieulx
« entendez que moy. Toutes fois
« nous devons tousjours de deux
« maulx éviter le plus grant, et de
« tout nous conformer à la volonté
« de Dieu. » Adonc le capitaine
oyant parler sa femme si vertueuse-
ment, print cueur en soy, et lui demanda : « M'amye, si vous congnois-
« sez quelque bon moïen qui soit à
« nostre honneur, je vous prie m'en
« dire vostre adviz. » Lors sa femme
luy respondist : « Monseigneur, la
« vertu et congnoissance des haultes
« choses doit procéder des nobles
« esprits des vertueux hommes, et

« non pas des cueurs fragilles de
« nous, femmes, qui par l'ordonnance
« divine, sommes aux hommes sub-
« gectes en loïal mariage. Parquoy, je
« vous supplie que de ce la congnois-
« sance n'en vienne point à moy. »
Le capitaine luy dist : « M'amye,
« amour et devoir veullent que de
« tous mes principaulx affaires, selon
« Dieu et raison, vous en doy dé-
« partir, comme un cueur en deux
« corps et une mesme volonté, que
« j'ai toujours aperceue en vostre
« endroit, et aussi, pour les biens et
« sens que j'ay trouvez en vous ; par
« quoy vous prie de rechef, que me
« déclérez le choix que vous y con-
« gnoissez, au plus près de vostre

« volunté. » — « Monseigneur, » dist
la femme, « puis que ainsi est que
« voullez que le vous die, premier,
« je vous supplie que laissez vostre
« dueil et ennuy, et remectez tout en
« la disposition de Dieu, qui fait
« toutes choses pour le mieulx. En
« après que vous et chascun vivant
« sçavez que, selon droit de nature
« et expérience des yeulx, est chose
« plus apparente que les enfants sont
« mieulx filz ou filles de leurs mères,
« qui en leurs flans les ont portez,
« puis enfantez en grant douleur,
« que ne sont de leurs maris. Laquelle
« chose je dis pour ce que, par ainsi,
« nostre filz est plus apparent mon
« vray filz que le vostre. Non obstant

« que en soïez le vray père naturel,
« et de ce j'en appelle, au très-épou-
« ventable jour du jugement, Dieu à
« tesmoing. Et pour autant qu'il est
« mon vray filz, et qu'il m'a cher
« cousté à porter en mon ventre
« l'espace de neuf moys, dont j'ay
« receu par maintz jours maintes
« dures angoisses, et puis comme
« mort à l'enfanter. Lequel j'ay
« aymé et chèrement nourry jusques
« au jour qu'il fust livré. Toutes fois,
« dès maintenant je l'abandonne en
« la miséricorde de Dieu, et vueil
« que jamais ne me soit plus riens,
« ainsi que [si] oncques ne l'avois
« veu, ains libérallement, de tout
« mon cueur, sans force ou violence

« aucune, vous donne et transporte
« toute la naturelle amour droit et
« affection que mère peult et doit
« avoir à son seul et très aymé filz,
« pour la garde et deffence de vostre
« honneur à tous jours mais perdu
« si autrement en est. Lequel, après
« Dieu, sur femme enfant et toutes
« autres choses devez plus aymer, et
« de ce j'en appelle à tesmoing le
« vray Dieu tout puissant, qui le nous
« a presté. Par quoy, monseigneur,
« il me semble que devez prendre
« ce choix, considéré que sommes
« assez en aage pour en avoir d'au-
« tres, s'il plaist à Dieu, nous en
« donner. Et si l'amour de vostre filz
« estoit cause de faire perdre vostre

« honneur, à jamais en auriez re-
« proche ; pour tant, mon seigneur,
« je vous supplie très humblement,
« que pareillement le remectez en
« la disposition et voulenté de Dieu,
« en le remerciant de ce qu'il le vous
« a donné pour vostre honneur ra-
« chapter. » Quant le capitaine oyt
ainsi parler saigement sa femme, il
luy dist : « M'amye, tant que l'amour
« de mon cueur se peult estendre,
« plus que jamais vous en foys part,
« vous merciant du beau don que
« m'avez fait, congnoissant que avez
« du tout oblié la parfaicte et natu-
« relle amour que mère peult avoir
« à son enffant, pour mon honneur
« et ma vie sauver, qui à jamais vous

« sera louenge, et redondera à l'hon-
« neur des femmes vertueuses qui
« viendront après vous; et de ma
« part de bon cueur je prie nostre
« seigneur qu'il le vous vueille ré-
« munérer. » Lors la guette du jour
sonna, et jaçoit qu'ilz n'eussent guères
dormy la nuyt, et leurs povres cueurs
pris repoz, ains tristesse et habondance de larmes, si se levèrent tous
deux et allèrent oyr messe, pour remercier Dieu de tout.

APRÈS avoir ouy la messe, qui estoit environ soleil levant, vint le roy d'armes du prince, acompaigné de deux héraulx à la porte du chastel, demander le capitaine, lequel après les avoir fait

entrer, devant tous les voulut escouter en une grant salle. Adonc le roy d'armes commencea à parler, et dit : « Monseigneur le capitaine, nous,
« comme officiers d'armes, de par le
« prince de Galles nostre très-re-
« doubté seigneur, ceste fois pour
« toutes, sommes envoiés devers
« vous, pour vous notifier advertir
« et sommer de vostre honneur et
« promesse : il est sur le point de
« l'heure de tierce que devez rendre
« ceste place à nostre dit seigneur,
« si n'estiez entre deux secouru. Au
« regard de ce que nous en char-
« geastes luy dire, nous le luy avons
« féablement rapporté. Mais il nous
« feist responce, et dist que par rai-

« son ne vous povez dire secouru.
« Et, qu'il soit vray, il vous tient le
« siège, par mer et par terre, et qu'il
« ne s'entend point le chastel estre
« secouru, si l'ung ou l'autre siége
« n'est par force d'armes deslogé. Et
« que si vous ne vous rendez il fera
« de vostre filz ce que à ostaige de
« capitaine faulseur de son seellé
« appartient. Et à ce vous nous ferés
« responce telle, que bien vostre
« honneur y garderez. » Puis le tirèrent à part, et luy firent de grands promesses et offres de par leur seigneur comme l'on dit. Ausquelz le bon capitaine respondit que les roys et princes sont amoreux des traysons et ennemis des traistres ; puis leur

dist : « Vous me recommanderez très
« humblement à la bonne grâce de
« monseigneur le prince, et luy direz
« que quelque chose qu'il die, j'ay
« espérance qu'il aura esgard tout
« premier à Dieu, que je appelle à
« tesmoing, et après à son honneur,
« qu'il doit estimer et aymer sur
« toutes les choses de ce monde.
« Au surplus touchant ses menasses
« et injurieuses parolles, lesquelles
« oncques ne partirent de bouche
« de honneste seigneur, vous luy
« direz que, saulve sa révérence, et
« que de homme à homme, si la
« place estoit commune, et que nous
« fussions devant juge compétent,
« je luy vouldrois respondre que de

« me appeller faulseur de mon seellé,
« que laschement et mauvaisement
« il a menty. Et ce, je le prens à
« prouver par son mesme seellé, et
« s'il n'est souffisant, je luy prouverai
« corps à corps, devant tous les
« princes du monde, comme gentil-
« homme que je suis, digne et souffi-
« sant sur telle querelle respondre à
« tous roys. Et quant à l'ostaige, s'il
« n'a esgard à Dieu et à son honneur,
« il peult faire du corps innocent à
« sa volenté, mais l'âme en sera à
« Dieu glorifié[e] par vray martire.
« Encores que monseigneur le prince
« fust si felon d'exercer toute rigueur
« envers mon fils, au moins avant
« que le faire morir qu'il le mecte

« à rançon compétente, et, s'il est
« possible, je le délivrerai, et pour en
« avoir sur ce sa responce, Chastel,
« mon hérault, s'en yra avecques
« vous. » Et lors luy ordonna d'y
aller, il les fist repaistre, puis leur
donna congé.

UANT les héraults furent hors la place, le capitaine fist apporter ses armes, et commanda que chascun se armast, puis fist [mander] sa femme, et, en sa présence, dist à tous : « Messeigneurs
« et amys, à ce cop, fault il que nous
« monstrons le bon droit que nous
« avons ; car je suis asseuré que, par
« despit de nous, ce faulx prince et
« maulvaix tirant, n'entendra point à
« la rançon de nostre filz, et s'il n'y
« entend à ce cop, bientost le fera
« morir. Mais si en place marchande
« il le fait, secourir le nous fault, car
« nous avons Dieu et raison pour
« nous. Et combien que ne soions à
« la vingtiesme partie en si grant

« nombre que noz ennemys, je me
« fie tant en voz loyaultez prouesse
« hardiesse et bonne conduicte, qu'il
« n'y a celluy de vous qui ne soit
« expérimenté, aussi, veu que nous
« sommes en noz pays, et le bon
« droit que nous avons, j'espère, à
« l'aide de Dieu, que nous viendrons
« à noz fins et bonnes intencions, et
« qu'il sera parlé de nous. Et si ainsi
« estoit que fortune nous fust si con-
« traire, que Dieu ne vueille, que
« nous y demourissions, il nous vault
« mieulx morir à honneur que de
« vivre à honte. » Puis appella ung
sien cousin, et luy dist: « Mon cher
« cousin et amy, je vous baille la
« charge de ceste place, en la façon

« et manière et soubz les condicions
« que je la tiens du roy, jusques à
« mon retour, et vous recommande
« ma femme, et si, d'aventure, j'estois
« mort ou pris, pour chose qui soit,
« ne laissez à bien garder ceste dicte
« place, tant que la rendez entre les
« mains du roy, ou de son vray et
« legitime héritier, ou aultre par luy
« à ce expressément commis. » Puis
ordonna le nombre de gens suffisants
pour garder la place. Et esleut ceulx
qu'il vouloit pour aller avecques luy,
tant à pied comme à cheval. Lors
chascun s'apresta, et le capitaine print
congié de sa femme, et de ceulx qui
demouroient, ses amys, et monta à
cheval en actendant la responce du

prince par Chastel son hérault. Cependant les héraulx vindrent faire la responce à leur seigneur, en la présence de Chastel.

UANT le prince eut oye la responce du capitaine, trop haulte et rigoreuse à son gré, comme désespéré, il commanda à son prevost qu'il prist le filz du capitaine, et qu'il le fist enserrer par les piedz et les mains, voiant Chastel le hérault, auquel il fist commandement, sur sa vie, qu'il ne partist de son pavillon, sans son congé, jusques à ce qu'il eust porté à son maistre la responce de la rançon de son filz. Et quant l'enfant se veit enserrer, tout estonné dist au chef de ses gardes : « Thomas, mon amy, « qu'esse cy ? pourquoy me enserre « l'on ? » et Thomas, en souspirant, luy dist : « Mon amy, c'est monsei-

« gneur qui l'a commandé, affin que
« quant voz gens vous verront ainsi,
« ilz aient plus de pitié de vous. »
Lors, il demanda si son père ne vouloit point rendre la place, à ce qu'il n'avoit esté secouru. Et le prevost luy dist que le prince avoit commandé le mener devant la place, affin qu'il se rendist plus tost, car il le vouloit veoir. Et ainsi le vouloient asseurer de belles parolles, comme son eage le portoit, et luy donnèrent à boire et à manger.

ORS le prince ordonna deux bendes chascune de cent hommes d'armes et mille archiers. Et fist appeller Chastel, et luy dist : « Or, suyvez le filz de vostre « maistre, affin de luy en porter

« les nouvelles, ainsi que verrez. »
Adonc Chastel qui congneut bien
que l'enfant alloit morir, se gecta à
genoulx, aux piedz du prince, et luy
dist : « Ha ! monseigneur, pour Dieu
« mercy, jà, a Dieu ne plaise, que je
« soye né en si mauvaise heure, que
« mes yeulx soient tesmoings de
« faire rapport à mon maistre de si
« piteuses nouvelles, mais souffira
« bien que ma langue malheureuse
« en face tesmongnaige de ce que
« j'en auray oy. » Lors le prince luy
dist : « Je vueil que en personne le
« voiez. » Adonc le fist prendre par
deux archiers, et mener après l'enfant,
et fist passer par devant luy la première bende et fist mectre l'enfant

au milieu, accompaigné du prevost et de cinquante archiers. Et l'autre bende venoit après, tous rengés en bataille. L'enfant estoit sur ung petit cheval, les mains liées et les piedz enserrez et mené comme ung malfaicteur, et en passant pardevant le prince, le salua enclinant la teste avecques bon visaige asseuré et riant, comme celuy qui ne prévoyoit la fortune qui luy estoit fort prochaine, mais s'esjoyssoit de ce qu'il pençoit veoir bientost son père et sa mère, ainsi qu'on luy avoit dit, dont il n'y eut en sa compaignie si dur cueur qui ne lermoiast de veoir ung si tendre et bel enfant mener à la mort sans l'avoir desservy.

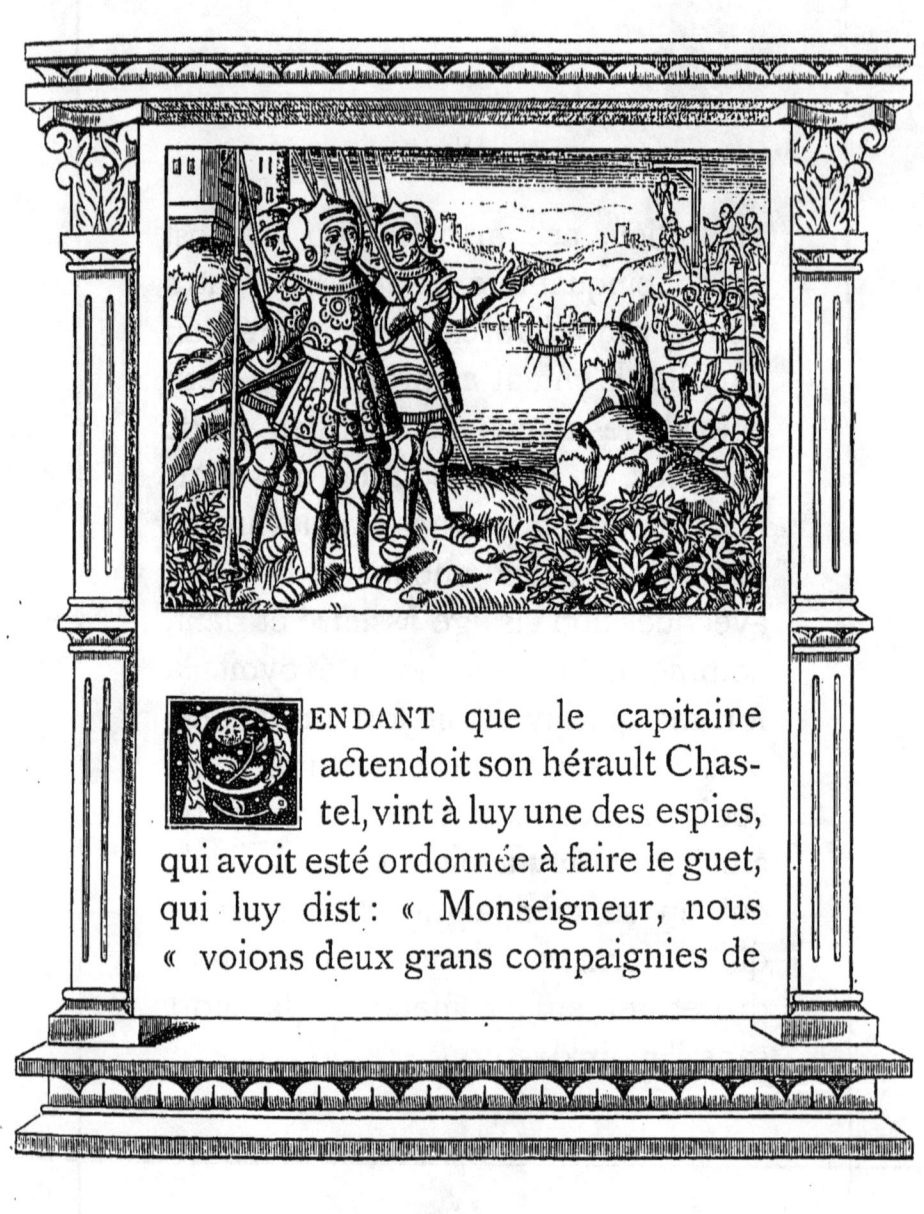

ENDANT que le capitaine actendoit son hérault Chastel, vint à luy une des espies, qui avoit esté ordonnée à faire le guet, qui luy dist : « Monseigneur, nous « voions deux grans compaignies de

« gens d'armes l'une après l'autre,
« et au milieu une petite bende, en
« laquelle nous penceons que soit
« vostre filz, mais nous ne sçavons
« ou ilz yront. » Lors le capitaine
ordonna ses gens, et mist en ordre
pour saillir avecques luy, et n'eut plus
loisir d'actendre, et en faisant le signe
de la croix commanda les portes
estre ouvertes, et que chascun le suyvist, pour tous à ung cop saillir. Là
survint ung autre de ses gardes, qui
luy dist : « Monseigneur, pour tout
« vray, les deux bendes et celle du
« milieu tiennent le chemin de Montrond, et sont tous bien montez et
« armez, comme il appert au grant
« reluyre que font les harnoys. » Le

capitaine dist à sa femme et aux autres ses amys : « Adieu m'amye, et
« vous tous, mes bons amys, je prie
« nostre Seigneur qu'il soit garde de
« vous et de nous. » Lors sa femme, qui tant de peur et de doubte avoit de la personne de son seigneur et amy, se mist à genoulx devant luy en disant : « Ha ! monseigneur, pour
« Dieu mercy, or estes vous ma mort
« et ma vie. Si, pour garder et sau-
« ver vostre honneur, advient que
« soions desistez et desgarniz de
« nostre seul et très aymé filz, est il
« pour tant dit que doyvez obéyr à
« chose impossible, et vouloir perdre
« vous, voz parens, et tant d'amys,
« et moy avecques tous, quant nous

« voullez tous habandonner et ainsi
« advanturer. Et si fortune l'a permis,
« et que sans mal conseil la voulez
« croire et ensuyvre, hé ! las moy, la
« plus dolente de toutes, ne vueil et
« ne puis en ce monde plus vivre. »
Et à ces parolles elle tomba pasmée
comme morte. Lors chascun courut
à elle, et fut secourue le mieulx qu'il
fut possible.

ENDANT que la dame estoit ainsi pasmée, arriva ung autre des gardes, qui dist: « Monseigneur, Chastel, vostre hé-
« rault, revient, et avecques luy, six
« ou huit hommes à pied, tous près

« l'ung de l'autre, et les deux bendes
« se sont mises en une, qu'ilz s'en
« retournent. » — « Hélas ! » dit le
capitaine, « or est mon bon filz mort,
« à ce que je voy, lequel je pensoye
« secourir, et ma très chère femme,
« comme morte ! or, soit Dieu loué
« de tout ! » Alors, par le conseil
de ses amys, et pour l'amour de sa
femme, il osta ses armeures qu'il
portoit, puis vint à elle, et luy dist :
« Ha, m'amye, qu'est-ce-cy ? je suis
« à vostre prière arresté, ne me ferez
« vous autre chère ? » La dame qui
entendit la voix de son seigneur,
commencea à ouvrir les yeulx, et
quant il vit qu'elle se revenoit, luy
dist : « Certes, m'amye, si vous sça-

« viez mon desplaisir, vous me par-
« leriez autrement. » Et à ces parolles, elle gecta ung grand souspir,
puis, au mieulx qu'elle peult, luy dist:
« Hà! monseigneur! il me soit par-
« donné! est il vray que vous estes
« demeuré? » — « Oy, » dist-il
« m'amye, vrayement! » Lors elle
prit cueur en soy, et parlèrent de
plusieurs choses, en actendant la
venue de Chastel.

ous retournerons à parler de l'enfant, qui encores cuidoit qu'on le menast devant la place de Brest, pour estre monstré à son père, mais quant il vit qu'on prenoit le chemin de Montrond, se

doubta bien qu'on le menoit morir.
Lors commença à faire ung pitoyable
et merveilleux dueil, en disant au
chef de ses gardes: « Ha! Thomas,
« vous me menez morir. » Et en
faisant ses pleurs et lamentations, en
regardant d'ung costé et d'autre,
apperceut Chastel, le hérault de son
père, vestu d'une cotte d'armes, que
deux archiers menoient, il s'escria à
haulte: « Ha! Chastel, mon amy,
« je m'en voys mourir. Vous ferez
« mes très humbles recommanda-
« tions à monseigneur mon père, et
« à ma dame ma mère, leur suppliant
« me pardonner si oncques je leur
« meffeitz, et leur direz adieu pour
« moy, car en vie jamais au monde

« ne me verront! Hélas! quel an-
« goisse tristesse et piteuse nouvelle
« ilz auront du rapport très-doloreux
« que leur ferez de moy. Je cognois
« bien que leur ennuy doublera, pour
« ce qu'ilz n'avoient enfant que moy,
« et que par eulx je suis icy. Toutes
« fois eulx ne moy n'en sommes
« causes, mais c'est fortune, qui tant
« nous a été contraire, car pour
« l'affaire d'autruy suis tumbé en ce
« misérable inconvénient. Toutes
« fois je remercie mon Dieu, que ce
« n'est point pour meschanceté que
« j'aye faicte, et aussi qu'il luy plaist
« me prendre en estat d'innoscence,
« et sans ce que j'aye plus congneu
« des misères de ce monde, le sup-

« pliant, comme son martir et inno-
« cent, me faire participant de sa
« gloire éternelle. » Et quant il fut
au lieu ou il devoit estre exécuté, il
dist adieu à Chastel, puis requist
confession, laquelle faicte dévote-
ment, comme à enfant bien instruit.
et moriginé appartenoit, après avoir
recommandé son âme à Dieu, le
bourreau d'ung seul cop luy tranchea
la teste.

ENDANT que le capitaine attendoit la responce par son hérault, vint à luy une des gardes qui luy dist moult piteusement : « Monseigneur, certaine-

« ment, toutes les bendes s'en re-
« tournent, hélas! j'ay grant peur que
« monseigneur vostre filz n'aye esté
« exécuté. » Lors le capitaine très
angoisseux de ces nouvelles, luy dist:
« Gardes bien que tu ne le dies à
« personne, et va à tes compaignons,
« et de par moy leur deffendz aussi. »
Bientost après retourna une autre
garde qui luy dist: « Monseigneur,
« nous avons veu cinq ou six hommes
« qui tout droit viennent icy bien
« serrez, et nous semble que Chastel
« y soit. » En disant ces paroles,
Chastel arriva tout seul à la porte,
laquelle luy fut ouverte, et, quant il
fut entré le capitaine luy demanda
quelles nouvelles. Lors le cueur lui

serra si très fort, qui ne peult dire, ung seul mot. Le capitaine qui, par ce signe, fut certain de la mort de son filz, pour ne desconforter sa femme, au mieux qu'il peult print cueur, et reconforta tant Chastel qu'il luy dist de son arrivée vers le prince, aussi de sa responce, et de la mort de son jeune maistre, et en renforceant sa parolle dist ce que s'ensuit :
« Hélas ! après la très-cruelle exé-
« cution de monseigneur vostre filz,
« que Dieu absoille, et que l'exécu-
« teur l'eust despoillé de ses riches
« habillemens, et laissé en chemise,
« je devesty ma cote d'armes, et la
« mis dessus son corps, puis retour-
« nay au prince, et luy diz : « Mon-

« seigneur, puis qu'il a ainsi pleu à
« vous, ou à fortune, priver de vie
« ce tendre et délicat enfant, je vous
« supplie très-humblement, en l'hon-
« neur de la passion de nostre Sei-
« gneur, qu'il vous plaise m'en vouloir
« donner le corps, affin que les bestes
« ou oyseaulx ne luy facent empes-
« che. » Adonc le prince tout despiteux, me dist : « Et je le vous donne :
« il me desplaist bien que ce n'est le
« père. Si je le tenois aussi bien que
« j'ay fait le filz, il pourroit bien dire
« que jamais ne se mocqueroit de
« prince ! » Puis je luy suppliay me
donner congié, et gens pour aider à
porter le corps jusques là où il est :
ce qu'il fist, lesquelz j'ay asseurez.

E capitaine comme bon christien qu'il estoit, se tira à part, et à genoulx, les mains joinctes, remercia nostre Seigneur en disant:

« Beau sire Dieu, qui m'avez presté
« cest enfant jusques à ce jourduy,
« vueillez en avoir l'âme, et luy par-
« donnez ses meffaitz, et à moi aussi
« quant, pour bien faire, l'ay mis en
« ce party ! » Puis commencea à
penser aux regrets de sa femme, et
disoit : « Hélas, povre mère, que
« diras-tu, et que feras-tu, quant tu
« sçauras la piteuse et cruelle mort
« de ton cher filz, combien que pour
« moy tu l'avoys habandonné du
« tout, pour acquitter mon honneur.
« Hélas ! mon Dieu, soiez en ma
« bouche pour la reconforter. » Et
ces parolles dictes, il se leva, et commanda à chascun que ceste chose
fust celée à sa femme. Adonc il or-

donna faire venir le corps de son filz, lequel il fist enterrer en grand honneur. Et ne fault pas demander les piteux regrets qu'il faisoit sur son corps, en baisant sa teste, qu'il tenoit en ses mains, et disoit : « Ha ! mon
« cher filz, le plus défortuné qui
« oncques fut, qui avez eu si beau et
« bon commencement, et autant rem-
« pli des dons de grâce et de nature,
« que oncques fut enfant de vostre
« eage, hélas ! sans l'avoir mérité,
« vous estes mort, vray martir, pour
« sauver mon honneur, et garder
« loyaulté : je vous prie, mon cher
« filz, que le me vueillez pardonnez. »
Le service de l'enterrement fait, ou n'y eut grans ne petis qui ne feissent

merveilleux dueil, et grans criz, et au partir de l'église, fist le capitaine deffendre qu'il n'en fut rien dit à sa femme.

T quant ilz furent tous assiz à table pour disner, la dame dist : « Je m'esmer-
« veille moult que Chastel n'est
« venu. » — « Lors » dist le capitaine, « il est vers le prince de Galles,
« poursuivant la responce de la fi-
« nance de nostre filz. » — « Et
« comment, » dist elle, « monsei-
« gneur, avez vous espérance le re-
« couvrer par finance ? « — « Je ne
« sçay, m'amye, » dist le capitaine,
« adviengne ce qu'en pourra, je m'en
« suis mis en mon devoir. » Et lors
pour l'oster de cest espoir luy dist :
« M'amye, je congnois ce tirant
« prince si félon que, pour despit
« qu'il n'a ceste place, il en fera son

« cruel vouloir ; mais s'il le fait morir,
« vous et moy en avons fait nostre
« dueil. Aussi tost pourroit morir de
« peste, de fièvre soubdainement, ou
« d'autre façon, comme advient sou-
« vent, dont ne seroit pas ainsi plaint.
« Et [qui] plus est, il seroit mort
« martir au service de nostre souve-
« rain, dont aurions un intercesseur
« en paradis, qui prieroit Dieu pour
« nous. » Et la dame, pour reconforter son seigneur, dist : « Mon sei-
« gneur, vous dictes vray. Et quant
« à moy je l'aymerois mieulx ainsi
« mort, que s'il estoit mené en Galles,
« pour estre serf et chetif à ce faulx
« tirant et mauvaix prince ! » Lors
le seigneur respondit : « Autresfois

« le m'avez vous dit, ores m'amie,
« puisque à ce propos sommes venuz,
« il nous en fault reconforter, et de
« tout louer Dieu, car ainsi est son
« plaisir. » — « Il est donc mort ? »
dist la dame. « Certes, oy, » dist le
seigneur. Lors la dame, combien que
grant douleur en eust son povre
cueur, pour complaire à son seigneur
monstra n'en estre trop déplaisante,
mais dist : « Or de par Dieu soit !
« nostre Seigneur en ait l'âme ! »
sans, pour l'heure, en monstrer autre
semblant, mais après avoir sceu par
son seigneur, à secret, comment il en
estoit allé, à part, elle en mena très
grant dueil.

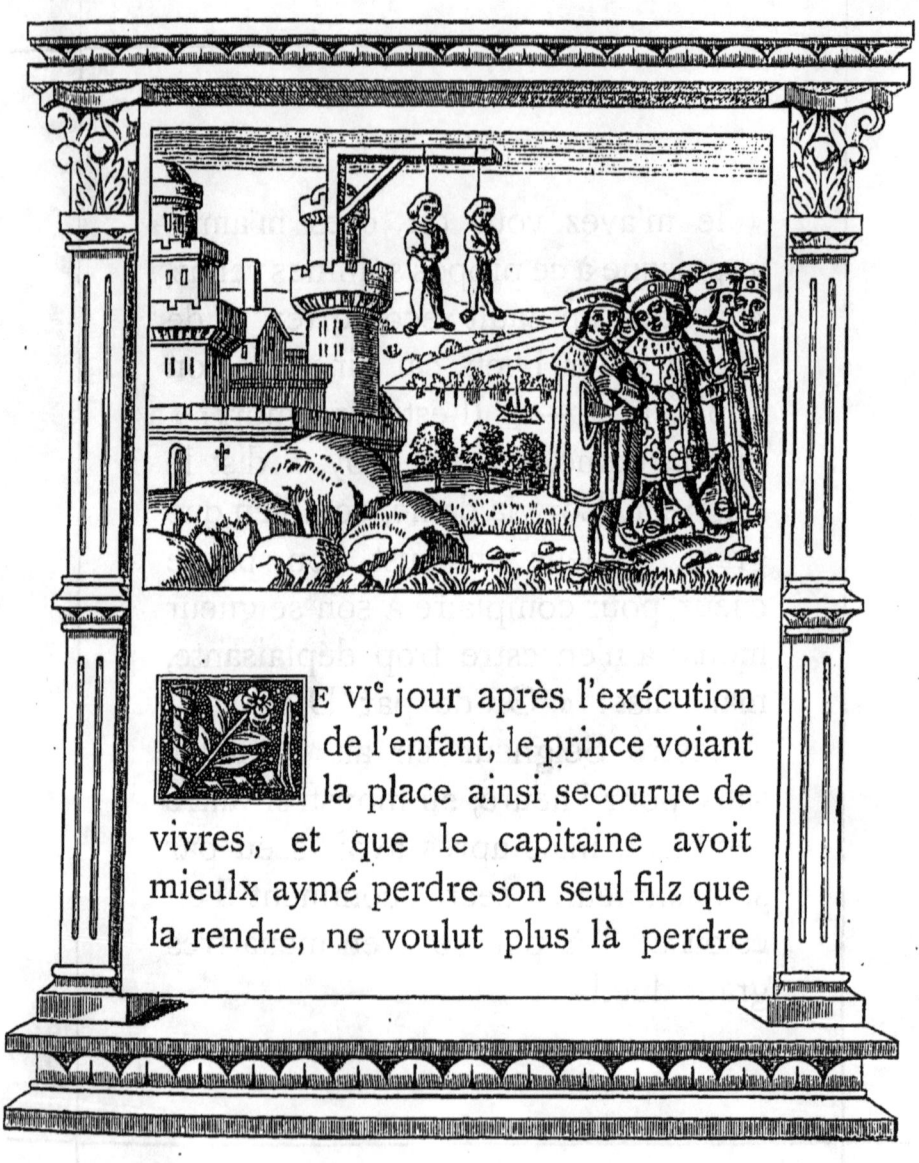

E VIe jour après l'exécution de l'enfant, le prince voyant la place ainsi secourue de vivres, et que le capitaine avoit mieulx aymé perdre son seul filz que la rendre, ne voulut plus là perdre

quant il les sceut, il en choisit douze des plus apparens, qui se voulurent rançonner LXXV mille nobles, mais oncques ne peurent avoir rençon. Lors disoient l'ung à l'autre : « Hélas ! « que mal nous prent de la cruaulté « de nostre prince ! quant par luy « fault que nous mourons ! » Et après qu'ilz furent confessez, et à Dieu recommandé[es] leurs âmes, ilz furent tous en ce gibet pendus. A ceulx qui estoient demourez en nombre cent et six prisonniers fist à chascun crever un œil, copper une oreille, et le poing, tout du costé droit. Et puis il leur dist : « Allez à vostre seigneur Hé- « rodes, et luy dictes que je vous ay « fait grâce de la vie et des autres

« membres qui vous sont demourez,
« pour ce qu'il donna à Chastel, mon
« hérault, le corps mort de mon filz. »
Et ainsi piteusement acoustrez, s'en
allèrent. Et quant le prince les veit
ainsi atournez, et les douze qui estoient pendus, il cuida morir de raige,
de honte, et de dueil. Et les autres
povres maudissoient l'heure de quoy
ilz l'avoient jamais veu. Lors, quant
il se vit frustré de son intencion, et
qu'il avoit perdu sa peine son temps
et tant de gens et d'argent, comme
désespéré, fist charger le demourant
de son artillerie, et print chemin pour
s'en retourner dont il estoit venu.
Mais fortune et le vent luy furent si
contraires, que sa nef donna à travers

d'une roche, et se fendit par le milieu, et le prince, et tous ceulx qui estoient dedans, furent noyez et perdus. Et veult on dire que ce fut pugnition et jugement de Dieu, et qu'il devoit bien finir meschantement, quant ainsi, cruellement et injustement, il avoit fait morir l'enfant du capitaine, dont cy-dessus est faicte mention.

FIN.

ous donnons ci-après le catalogue de deux bibliothèques qui ont appartenu au connétable et à sa belle-mère Anne de France (1507-1523). On y voit quelles ressources littéraires la duchesse avait sous la main pour la rédaction de ses *Enseignemens*. La plupart des articles de ces deux catalogues ne seraient guère difficiles à retrouver, même aujourd'hui, parmi les manuscrits de la Bibliothèque nationale: quelques volumes se sont perdus, d'autres en bien petit nombre, parmi lesquels le manuscrit des *Enseignemens,* sont conservés à l'étranger. On remarquera surtout ceux qui, compris dans l'inventaire du mobilier de la veuve de Louis XI, ont dû passer par les mains de sa fille, avant d'entrer dans la bibliothèque du château de Moulins.

N'ayant pas à notre disposition le tome des *Mélanges de la Société des Bibliophiles,* dans lequel M. Leroux de Lincy a publié en 1850 ces deux catalogues, nous en avons pris le texte sur les originaux mêmes : ils nous ont fourni quelques corrections qui ont bien, après tout, leur importance.

A.-M. C.

I

Inventaire des Meubles estans en la maison de Monseigneur le duc de Bourbonnois et d'Auvergne, estant en sa ville d'Aiguesperce, le dit inventaire commencé le jeudi XVIIIe jour de Novembre l'an mil cinq cens et sept (1).

. . . .

LIVRES EN FRANÇOYS.

1. *Le propriétaire*, en françoys, escript à la main, en parchemyn, couvert de veloux cramoisi.
2. Jehan Boucasse, *Du cas des maleureulx*, escript à la main en parchemyn, couvert de veloux cramoisi.
3. *La première partie de* [dé]*cade de Titus Livius*,

---

(1) Biblioth. nationale, mss. Saint-Victor, 1114, fol. 355 à 361.

en françoys, escript à la main, en parchemyn, couvert de veloux cramoisi et noir.

4. *La seconde et tierce partie de [dé]cade Titus Livius (1),* escript à la main, couvert de veloux cramoisi et noir.

5. *La cité de Dieu,* escripte en parchemyn, couvert de veloux noir.

6. *Ovide, Metaforzeaulx (sic,* pour Métamorphoseon), escript à la main, en parchemyn, couvert de veloux.

7. *Le Miroir ystorial,* escript à la main, en parchemyn, couvert de veloux noir.

8. *Les croniques de France,* escriptez à la main, en parchemyn, couvert de veloux noir.

9. *Le livre du fait des Roumains (2), commençant aux faiz de Jullius César,* couvert de veloux tasné.

10. Le second volume de *la Bible,* couvert de damas tasné.

11. *Le songe du vergier,* escript à la main, en parchemyn, couvert de cuir rouge.

12. *Une ystoire de Troye,* escripte à la main, en parchemyn, couvert de satin tasné.

---

(1) *Titulus,* dans le manuscrit.
(2) *Roumaiers,* dans le manuscrit.

13. *Les cronicques martinières*, escriptes à la main, en pappier, couvert de cuyr noir.

14. *Tristan*, escript en impression en pappier, couvert de cuyr tasné.

15. *Les quatre filz Aymond*, escriptz à la main, en parchemyn, couvertz de cuyr noir.

16. *Parceval le Gallois*, escript à la main, en rime, en parchemyn, rellié et couvert de cuyr noir.

17. *Phelippes le vaillant et victorieulx conte d'Artois*, escript à la main, couvert de cuyr tasné.

18. Le premier volume de *Merlin*, escript en impression, rellié et couvert de cuyr rouge.

19. Frère Gilles, *Du gouvernement des roys*, escript à la main en parchemyn, rellié et couvert de cuyr rouge.

20. Le deuxiesme livre *du Chevalier*, escript à la main, rellié et couvert de cuyr vert.

21. *Le Regnard et les fables de Ysope*, en rime, recouvert de cuyr rouge.

22. Le premier volume de *la Bible*, en françoys, escript à la main, en parchemyn, couvert de cuyr tasné.

23. *Le remède de fortune bonne et mauvaise*, couvert de cuyr blanc.

24. *La vie des Sainctz,* en pappier, à la main, couvert de cuyr noir.

25. Ung petit livre des *Chevaliers de la Table ronde,* escript à la main, en parchemyn, couvert de cuyr noir.

26. *Le livre des eschesz,* escript à la main, en parchemyn, couvert de cuyr tasné.

27. *Le livre de l'ystoire de Troye,* en proze, escript à la main, en parchemyn, couvert de cuyr blanc.

28. *Le chevalier Herelh, fils du roy Lac,* escriptz à la main, en pappier, couvert de cuyr tasné.

29. *La vie de Jhesu Xpist,* en impression en papier, couvert de cuyr tasné.

30. *Besves de Anthonne,* escript à la main, en pappier, couvert de cuyr tasné.

31. *Les Cronicques de tous les roys de France,* escriptes en prose. — *La vie de Jhesu Christ,* en rime, à la main, en parchemin, rellié et couvert de cuyr tasné.

32. *Gérard de Nevers,* escript à la main, en pappier, couvert de cuyr tasné.

33. *Le chastellain de Coussy,* escript en parchemyn, en rime, couverd de cuyr verd.

34. *Le livre d'Arthus,* sans commencement et

sans fin, escript à la main, en pappier, couvert de cuyr tasné.

35. Jehan Bocasse, *Du cas des malheureux*, en proze, couvert de cuyr verd.

36. *Le livre de amende vie*, à la main, en pappier, couvert de cuyr tasné.

37. *Le secsse (1) femenyn contre Bouche mesdisant*, à la main, en pappier, couvert de cuyr noir.

38. *Le livre du grant lyon (2)*, escript à la main, en pappier, couvert de cuyr tasné.

39. *Maistre Jehan Gerson*, escript à la main, en parchemyn, rellié et couvert de cuyr rouge.

40. *Florimont*, escript en parchemyn, fort vieulx, et sans couverture.

41. *Le livre d'Ausin*, en rime, escript à la main, en parchemyn, couvert de cuir noir.

42. Troys volumes de *Cronicques de France*, en impression, couvertes de cuyr tasné.

43. Ung livre des *Croniques du monde*, escript à la main, en parchemyn, couvert de cuyr noir.

(1) *Lecsesse*, dans le manuscrit.
(2) *Lyan*, dans le manuscrit.

AUTRES LIVRES EN FRANÇOYS.

44. Et premièrement le livre appelé : *Guide de l'art d'amours,* à la main, couvert de cuyr tasné.

45. *Le livre de Pierre de Provence et de Narbonne,* à la main, en pappier, couvert de cuir jaune.

46. *Vigilles de mors,* escriptes à la main, en parchemyn, couvert de satin noir ; les fermailz d'argent doré.

47. *Sainéte Catherine de Saine (1),* à la main, en pappier, couvert de parchemyn.

48. *Le livre des Grégois et de plusieurs ystoires de poieteries,* à la main, en pappier, couvert de cuyr tasné.

49. *L'exemple de l'homme et de la femme,* escript à la main, en pappier, couvert de cuyr tasné.

50. *Le prologue de Boysse (Boëce) royal de consolacion,* en rime, escript à la main, en pappier, couvert de cuyr tasné.

51. *Le quadrelogue maistre Alain,* à la main, en pappier, couvertz de cuyr tasné.

52. Le livre *de Tulle, de Amistié,* à la main, en pappier, couvert de cuyr rouge.

(1) Sienne.

53. *Le livre des fais du roy Alexandre,* escript à la main, en pappier, couvert de cuyr noir.

54. *Le roman de la rose (1),* escript en impression, à la main *(sic),* couvert de cuyr tasné.

55. Le livre *Sainct Augustin et le Chasteau périlleux.*

56. *L'abrègement de noble homme Végèce,* à la main, en pappier, couvert de cuyr rouge.

57. *Lyon de Bourges,* à la main, en pappier couvert de cuyr.

58. *Le livre de Charlemaine,* à la main, en pappier, couvert de parchemyn.

59. Le livre *Saincte Jotru,* escript à la main, en pappier, couvert de parchemyn.

60. *Le livre de messire Bertrand Duglesquin, connestable de France,* escript en pappier, à la main, couvert de cuyr tasné.

61. *La composition de la saincte escripture,* à la main, en pappier, couvert de parchemyn.

62. *Le livre de l'aman[t] randu cordellier à la religion d'amours,* à la main, en pappier, couvert de cuyr noir.

(1) *Rose,* dans le manuscrit.

63. *L'epistre des dames de Grèce,* à la main, en pappier, couvert de cuyr tasné.

64. Boece, *De Consolacion,* escript à la main, en parchemyn (1).

65. *Livre des armeures,* en parchemin, couvert de veloux noir (2).

66. *Le livre des cent ballades,* escript à la main, en pappier, couvert en parchemyn.

67. Ung *livre de médecine,* à la main, sans couverture.

68. *La complainéte du désirant à troys personnaiges,* à la main, en pappier, sans couverture.

69. *L'ambusche vaillant,* escript à la main, en pappier, couvert de parchemyn.

70. *Le testament de maistre Jehan de Mun,* à la main, en pappier, couvert de cuyr tasné.

71. *La dance macabray,* à la main, en pappier, couvert de parchemyn.

72. *Le débat du cueur et de l'oreulh,* à la main, en pappier, couvert de parchemyn.

73. *Les arrests du parlement d'amours,* escript à la main, en papier couvert de parchemyn.

---

(1) En marge on lit : Porté à Moulins.
(2) Article omis par Leroux de Lincy.

74. *Le livre du vandeur, de la bergière et de la pellerine,* à la main, en pappier, couvert de parchemyn.

75. *La vie des sainctz pères,* à la main, en pappier, couvert de parchemyn.

76. *Le livre des ballades et complainctes,* à la main, en pappier, couvert de parchemyn.

77. Plusieurs cayers en françoys, escriptz en parchemyn, sans rellier.

78. *Le livre de Blanchandin,* à la main, en pappier, couvert de parchemyn.

79. *Le livre de Paris et Vienus (1),* escript à la main, en pappier, couvert de parchemyn.

80. Un autre *livre de médecine* à la main, en pappier, couvert de parchemyn.

81. *La Passion de Jhesu Xrist,* en françoys, en parchemyn, couvert de cuyr rouge.

82. *Le pélerinaige de Jérusalen,* en impression en pappier, couvert de cuyr verd.

83. Autre *livre* faisant mencion *de Charlemayne,* en impression, rellié, et couvert de cuyr tasné.

84. *La destrucion de Troye, par personnaiges,* à la main, en pappier couvert de cuyr.

(1) Vienne.

85. Deux volumes de l'*Exposition du psaultier,* en impression couvert de cuyr.

86. *Le livre de Ponthus,* à la main, en pappier, couvert d'es.

87. *La composicion de l'oraison Nostre-Dame,* en françoys, à personnaiges, escripte en parchemyn, couvert de veloux noir.

88. *Le Jouvencel,* escript à la main, en pappier, couvert de cuyr.

89. *Le livre de Florent Florecte,* à la main, en pappier, couvert de cuyr.

90. *Le livre des extragémes, servant en fait d'armes,* en pappier, couvert de cuyr blanc.

91. *Le livre de Robert le Diable,* à la main, en pappier, couvert de parchemyn.

92. *La légende des Sainctz,* en ung volume en pappier, relié, et couvert de cuyr rouge.

93. Le livre appelé : *Le duc des vrays amans,* à la main, en parchemyn, couvert de cuyr tasné.

94. *Le livre de serymonies,* à la main en pappier, couvert de parchemyn.

95. *Le livre de seur Coullette de Sainɗe Claire,* à la main, en pappier, couvert de cuir tasné.

96. *La somme rural,* en impression, en pappier, couvert de cuyr rouge.

97. *La vie de Adam et Eve,* à la main en pappier, couvert de parchemyn.

98. Ung livre de *La bataille de Turquie,* à la main, en parchemyn, couvert de cuyr rouge.

99. *Le livre des commandemens nostre Seigneur,* à la main, en parchemyn, couvert de cuyr tasné.

100. *Le roman du devis des chiens et oyseaulx,* à la main, en pappier, couvert de damas tasné.

101. Le livre appelé : *L'Ymage du monde,* à la main, en parchemyn, couvert de cuyr tasné.

102. *Le livre de Ypolyte, royne de Silya,* à la main, en parchemyn, couvert de cuyr noir.

103. *La passion nostre Seigneur,* en rime, à la main, en pappier, couverte de cuyr noir.

104. Le livre appelé : *Le doulent fortuné,* en rime, escript à la main, couvert de cuyr noir, en pappier.

105. *Le livre de Mélusine,* en prose, escript à la main, en pappier, couvert de cuyr noir.

AUTRES LIVRES EN LATIN.

106. Premièrement quatre volumes escriptz à la main en parchemyn, contenant *les quatre parties*

du livre des Sentences, tous relliez et couvertz de cuyr rouge.

107. *Cantiqua cantiquorum, et la glose,* escripte à la main en parchemyn, couvert de cuyr verd.

108. *L'evangille Sainct Jehan et la glose,* escripte à la main, en parchemyn, couverte de parchemyn.

109. Le livre *De tribus virtutibus theologicis sancti Thome (1) de Acquino* et *de l'arche de Noe,* à la main, en pappier, couvert de cuyr rouge.

110. *Compendium litteralis census tocius divine scripture,* à la main, en pappier, couvert de cuyr tasné.

111. Ung *Catholicum,* escript à la main, en pappier, couvert de cuyr blanc.

112. Ung autre livre commançant : *Tria genera theologie,* escript à la main, en pappier, couvert de cuyr verd.

113. *La vie Sainct Françoys,* à la main, en pappier, couvert de cuyr noir.

114. Ung *Virgille,* en impression, couvert de cuyr tasné.

115. Ung *Térance,* escript à la main, en parchemyn.

---

(1) *Sanctum de Acquino,* dans le manuscrit.

116. Ung autre livre commençant : *Primo queritur de eternitate,* à la main, en parchemyn, couvert de cuyr rouge.

117. *La généalogie des dieux gentilz,* escripte à la main, en pappier, couverte de cuyr noir.

118. *Paulus sur les Clémentines,* à la main, en pappier, couvert de cuyr blanc.

119. Ung *Cicero,* en impression, couvert d'es.

120. Ung petit traicté *De Symonia,* escript à la main, en parchemyn, couvert de cuyr rouge.

121. Ung *livre d'Aristote,* escript à la main, en parchemyn, couvert de cuyr jaune.

122. Un autre *Cicero,* en impression, en pappier, couvert de cuyr tasné.

123. Une *gloze de logicque,* escripte à la main, en pappier, couverte de parchemyn.

124. Le *psaultier et la gloze,* escriptz en parchemyn, à la main, couvert de cuyr rouge.

125. *Les Sommes,* escriptes à la main, en pappier, couvertes de cuyr noir.

126. Le premier volume de *la Bible,* escript à la main, en parchemyn, couvert de cuyr verd.

127. Ung *Ovide,* à la main, en parchemyn, couvert de parchemyn.

128. *Le livre de la reille (1) Sainct Françoys*, escript à la main, en parchemyn, couvert de cuyr blanc.

129. Plusieurs cayers de *Titus Livius (2)*, couverts de cuyr blanc.

130. *Digeste nove*, escript à la main en parchemyn, couvert de cuyr rouge.

131. *L'arcediacre* et ung autre traicté, estans en parchemyn, couvert de cuyr blanc.

132. *Le Saint Floret*, escript à la main, en parchemyn, couvert de cuyr noir.

133. *La VIe gloze et la gloze de Jehan André*, escripte à la main, en parchemyn, couvert de cuyr blanc.

134. *Une gloze sur Thérence*, escripte à la main, en pappier, couvert de cuyr verd.

135. *Un dotrinal glozé*, escript à la main, en parchemyn, couvert de cuyr verd.

136. Ung livre d'une gloze sur les *Decretalles*, escript à la main, couvert d'es.

137. *Le Code*, escript à la main, en parchemyn, couvert de cuyr.

(1) Règle.
(2) *Titulius*, dans le manuscrit.

138. *Clementines,* escriptez à la main, en parchemyn, couvertes de cuyr blanc.

139. *Decretalles,* escriptez à la main en parchemyn, couvertes de cuyr rouge.

140. *Jehan André,* escript à la main, couvert de cuir blanc.

141. Ung *petit traiclé en latin,* envoyé à Laurens, fils de Pierre.

142. La gloze sur les *Clementines,* couvertes de blanc.

143. Ung *Virgille,* en impression, couvert de cuyr tasné.

144. Ung *Donat,* escript à la main, couvert d'es.

145. Ung livre en latin, an mole (1) de *Alberti Magny.*

LIVRES TANT EN YTALYEN QUE EN ANGLOIS, FLAMANT ET ESPAGNOL.

146. Ung petit livre escript à la main, en parchemyn, appelé : *La vie Saincle Paule,* couvert de cuyr rouge.

---

(1) En molle, c'est-à-dire en lettres moulées, imprimé.

147. Ung autre livre de *ballades* en pappier, escript en fourme, et couvertz de cuyr rouge.

148. Ung autre petit livre en pappier, appelé *Le miracle nostre Dame*, couvert de rouge.

149. Ung autre petit livre appelé : *La vie Sainct Clément*, à la main, en parchemyn, couvert de cuyr rouge.

150. Le livre de Titus Livius (1), qui raconte des faiz romains, en pappier, en impression, couvert de cuyr rouge.

151. Le livre appelé : *Mesquine*, en pappier, en impression, couvert de cuyr rouge.

152. L'autre livre appelé : *L'autroye*, en impression, couvert de cuyr rouge.

153. Ung autre livre apellé : *Patrarque (2)*, en impression, couvert de cuyr rouge.

154. *La vie des Sainctz*, en impression, couvert de cuyr rouge.

155. Ung autre livre en impression, appellé : *Le livre de la divine prudence de Dieu*, couvert de damas.

156. Le livre appelé : *Poupune*, en impression, couvert de cuyr rouge.

---

(1) *Titulus*, dans le manuscrit.
(2) Pour *Pétrarque*, probablement.

157. *La vie des Sainéts,* avec le vieux et nouveau testament couvert de cuyr rouge.

158. Le livre appellé : *Les faiz des pers (1) de France,* en impression, en pappier, couvert de cuyr gris.

159. Ung autre livre appellé : *Felonomye,* en impression, couvert de cuyr rouge.

160. Ung autre livre en impression, appellé : *Les sermons frère Robert.*

161. Autre livre appellé : *Lumoramentum (sic) de chair humaine,* en impression, couvert de cuyr noir.

162. *Dé gouvernement de manger,* en impression, couvert d'es.

163. Le livre de *Plinye* en impression, couvert de cuyr rouge.

164. *Livre d'Ysopet,* en impression, couvert à demy de cuyr rouge.

165. *Livre de la présentacion de Pamphile à ung bègue,* en parchemyn, escript à la main, couvert de cuyr rouge.

166. Livre appellé : *La légende Sainéte Catherine de Siene (2),* couvert de cuyr rouge.

---

(1) *Peres,* dans le manuscrit.
(2) *Seine,* dans le manuscrit.

167. *Le livre de Blausesfare (1)*, couvert de vieulx cuyr tasné.

168. Ung autre *livre de ballades*, couvert de satin noir (2).

169. *Livre de l'exposition des euvangiles*, en anglois, flamant ou allemant, couvert en cuyr noir, escript à la main, en parchemyn.

170. *Vita Christi*, en espagnol, escript en impression, couvert de parchemyn.

Le présent inventaire fait par le commandement de Madame par nous Jehan seigneur de Maumont, Anthoine de Riom, et Guillaume Marllac, trésorier de Montpensier, à Ayguesparce les XVIIIe, XIXe, XXe et XXJ^e jours de novembre, et clos les Xe et XIe decembre ensuivant mil cinq cens et sept.

(Signé) J. Dupuy, A. de Riom, Marllac, avec paraphes.

(1) Blanchefleur (?).
(2) En marge : Pourté à Molins.

Inventaire des Livres qui sont en la librairie du chasteau de Molins (1).

Et premièrement : Au pulpitre ainsi qu'on entre en la dite librairie, à main senestre, sont les livres qui s'ensuyvent (2) :

* 1. Le livre de Boucasse *Des nobles malheureux,* du duc de Berry (227 f. fr.) (3).

2. Le livre du *Rommant de la Roze,* en rythme, ou sont pluseurs autres livres, à deux fermans (4) d'argent doré, sans escussons.

---

(1) Mss. Dupuy, vol. 488, fol. 210 r⁰, original. Bouhier, vol. 21, fol. 178-192, copie de Bouhier.

(2) Les n⁰ˢ ajoutés entre parenthèses sont ceux que portent ces mss à la Bibliothèque nationale de Paris.

(3) Les ouvrages marqués d'un * sont énumérés dans l'inventaire des biens de Charlotte de Savoie, veuve de Louis XI et mère d'Anne de France, à qui elle a pu les léguer. (A. Tuetey : biblioth. de l'école des chartes, t. XXVI, 1865, p. 337 à 366 et 423 à 442.

(4 Le manuscrit porte « *fermaus* », mais il est probable qu'il vaut mieux fermans. (Voy. n⁰ˢ 15, 16.)

3. Le livre de Jehan Boucace *Des nobles hommes et femmes malheureux*, à deux fermans d'argent doré. (Nota qu'il faut (1) ung fermant.) (16995 f. fr.)

4. Le livre de *Josephus* en françoys à deux fermans d'argent doré (f. fr. 247).

5. Le livre de *Josephus, de Génèse, et Suétone*, à deux fermans d'argent doré (f. fr. 251).

6. Le livre de *Josephus* en latin, en lettre rommaine.

Au second estage dudit poulpitre, sont les livres qui s'ensuivent :

7. Le livre du *Messel à l'usaige de Paris*.

8. Ung *Messel à l'usage de Romme*, à ung fermant d'argent doré (2).

9. Ung autre *Messel*, plus petit, *à l'usage de Romme*, à deux fermans d'argent doré (3).

* 10. Le livre du *Chasteau perilheux* avec *l'orologe de sapience et le seul parler de saint Augustin*, à deux fermans d'argent blanc.

11. *L'aguillon d'amour divine*, à deux fermans d'argent doré (f. fr. 926).

---

(1) Fait, dans le mss.
(2) Deficit.
(3) F. 210, verso.

12. Le livre de *Aristote* contenant *le livre de l'espèce (1)*, et troys livres *de celo et mundo* en francoys (2), à deux fermans d'argent doré.

13. Le livre intitulé : *Deffenseur de l'originalle innocence de la vierge Marie*, à deux fermans d'argent blanc.

14. *Les cas briefz Johannis Andree*, à deux fermans d'argent blanc.

15. Le livre de *la Passion nostre seigneur Jeshu Crist*, à ung fermant d'argent blanc.

16. La *Congratulation et grâces de la nativité du roy Charles VIIIe de ce nom, ensemble de Nostre Dame du Puy en Auvergne* à ung fermant d'argent doré. (Note que le fermant n'y est point.)

Au pulpitre, près la table, sont les livres qui s'ensuivent :

17. Le livre de *la Cité de Dieu*, à deux fermans de cuyvre doré (f. fr. 22).

18. *Textus Augustini de civitate dei*, en parchemin et molle.

19. *Thome Vailleil et Nicolaï Trimeth commentaria super libros Augustini de civitate dei*.

---

(1) L'espere ?
(2) F° 210 bis.

20. Ung grant volume de *la vie nostre Seigneur (1)* (f. fr. 29).

21. Le premier vollume de *la vie nostre Seigneur* (6716) (f. fr. 177 à 179).

22. Le second vollume de *la vie nostre Seigneur* (6841) (f. fr. 177 à 179).

De l'autre cousté dudit poulpitre : 23. Le livre appelé *le Mignon* (f. fr. 268), contenant les troys décades abrégées de Titus Livius, à deux fermans de cuyvre doré, couvert de drap d'or, et dix bouilhons aussi de cuyvre doré.

24. Deux grans vollumes de *la Bible* en français (f. fr. 6 et 7).

25. Ung volume de *la Bible,* appelé *Genesis,* en latin.

26. *La belle Bible du duc de Berry,* garnie à deux fermans, VII petiz ymages esmaillez, et une espère au millieu.

27. *La belle Bible du duc de Bourgongne,* garnye de deux fermans d'argent doré couverte de drap d'or (f. fr. 167).

Au IIIe pulpitre ensuivant du costé du pont d'Allier sont les livres qui s'ensuyvent :

(1 F° 211, r°.

28. Le livre d'ung *répertoire des Croniques de France et de Romme*, ensemble *les voyages d'oultremèr*.

29. Plus cinq volumes de *la Fleur des histoires* (f. fr. 55 à 58).

De l'autre costé dudit pulpitre sont les livres qui s'ensuivent :

30. *Le voyage d'Oultremer (1). (Nota que le seigneur des Chesnoys a eu ledit livre et en bailla recepisse à Jehan de la Halle, et le vendit depuis au feu roy Loys derrenier.*

31. Les histoires d'Oultremer (f. fr. 2630 ?).

32. La IIIIe partie de *Titus Livius*.

33. Le IXe livre de la *tierce décade de Titus Livius* et de la première guerre punicque (f. fr. 33.)

34. La *première décade de Titus Livius* (f. fr. 34).

35. *Titus Livius* contenant *les trois décades*.

Au IIIIe pulpitre dudit costé sont les livres qui s'ensuivent :

36. Les *Croniques d'Angleterre faictes par Froissart*, du duc de Berry (f. fr. 2641).

37. Le IIIe et IIIIe en deux volumes des *Croniques d'Angleterre faictes par ledit Froissart*.

(1) F^o 211, v^o.

38. Le livre des *Faictz et gestes d'Alixandre le grant* (f. fr. 707).

39. Le livre de *Genese*, ensemble du *Roy Ninus et Semiramis* des merveilles qu'ilz firent en leur temps, de Fémenie, de Thèbes, de Troes, d'Eneas, d'Alixandre, de Hannibal, de Jullius César, de Pompée et de tous les faiêtz des Rommains, selon Saluste et Lucan (f. fr. 246).

40. Ung livre en ytalien parlant des *Ystoires de Millan* en langaige vulgaire, couvert de veloux verd.

41. Le livre et *rommant de Héracle* empereur, ensemble de *Godeffroy de Beulhon (1)*.

42. La compilation de *Saluste* et *Lucan des faictz des Rommains*.

A l'autre cousté dudit pulpitre sont les livres qui s'ensuivent :

43. Le livre de *l'espère* ensemble trois livres *du ciel* et *du monde* translatez de latin en françoys.

44. Plus quatre volumes *d'ethiques et politiques et yconomiques*.

45. Le livre appelé *l'erbier*.

* 46. Le livre des *miracles saincte Catherine*.

(1) F. 21, 2º 7º.

47. Le livre des *miracles nostre Dame*.
48. Le *sacre des papes empereurs et roys*.
49. Le livre du *regime des princes*.
50. Le livre appelé *le pélerin*.
51. Le livre *des bonnes meurs*.
52. Le livre des *moralites du jeu des eschets* (f. fr. 1165).

De l'autre cousté dudit pulpitre :

53. Le livre des *histoires troyennes* (f. fr. 1671).
54. *La destruction de Troye la grant,* rythmée, historiéé en molle et parchemin.
55. Le *viel et nouveau testament (1)*.
56. Le livre de *l'ymage du monde*.
57. Le livre du *régime des princes*.
58. Le livre de *regimine principum* (f. lat. 6482).
59. Le livre de *la passion nostre seigneur Jeshu Crist*.

Au deuxiesme pulpitre du costé dudit jardin :

60. Le premier volume des *Croniques d'Angleterre*.
61. Le IIe volume des *Croniques d'Angleterre*.
62. Le livre des *Troys fils de Roys*.
63. Le livre d'*Ovide*, du duc de Berry.

(1) F. 212, verso.

64. *Les fables d'Ovide* (metamorphoseos).
65. *Les croniques de France* (f. fr. 2608).
66. Deux volumes des *croniques de France*, en papier, escriptz en lettre courante (f. fr. 2611, 2612).
De l'autre cousté :
67. Le livre de *saincte méditation*.
68. Deux volumes de *la toison d'or*.
69. *Le vieil Lancelot*, parlant des faitz *Merlin* (f. fr. 344).
70. Le livre des *faitz Merlin*.
71. Le livre *des propriétez*.
72. Le livre des *collations des pères*.
73. Le premier volume de *Tristan* (f. fr. 334).
Au troysiesme pulpitre du costé dudit jardin :
74. Le livre de *Maugis*.
75. *Le livre des armes des pays de Bourbonnois et d'Auvergne (1)*. (G^{lle} Revel. F. Gaignières, 2896).
76. Le rommant de *Méliachin* et de *la belle Celiandre*.
77. Le livre de *la cité des dames* (f. N° D° 208).
78. Le *livre du conte Phebus* (f. fr. 1289).
79. Le livre de *Berthe au grand pied*.
80. Le livre de *Perceval le Gallois*.

(1) F. 213, r°.

* 81. Le livre du *Trésor*.

Au renc du hault dudit poulpitre :

82. *Sermones dominice orationis.*

83. *Les miracles nostre Dame* (f. fr. 989).

84. *Le livre de réduire le pécheur de l'estat de péché mortel en estat de grâce.*

85. Deux *rommans de la Rose,* en rythme.

86. *Les croniques de Normandie.*

87. Le livre de *l'exil maistre Allain Chartier* avec *la belle dame sans mercy,* et pluseurs autres compositions faictes par luy (f. Saint-Victor, 394).

88. Le livre des *vices et vertuz.*

89. *Le livre du chevalier de la Tour à l'enseignement des dames.*

* 90. La *vie sainct Josse* avec plusieurs miracles translatée de latin en françoys.

De l'autre cousté dudit pulpitre :

91. Le livre des *espitres et euvangilles.*

92. Ung autre livre des *espitres et euvangilles escriptes en grec et latin.*

93. *Les périls d'enfer (1).*

94. *Le livre de Sidracq* (f. fr. 762).

95. Le livre de *Végèce de chevalerie.*

(1) F. 213. v°.

96. La translation de *sainct Julien* de latin en français.

97. Le livre de *la vision Xpistienne*.

98. Le livre de *Cléomadès* (f. fr. 1456).

99. Le livre de *l'effect d'oraison*.

Au-dessus :

100. Le livre du *pélerinage de l'âme*, en prose.

101. Le livre de *l'information des Roys et princes*.

* 102. *Le chasteau périlleux*, ensemble *Tulle de viellesse* (f. fr. 126).

103. *La vie nostre Dame* en rythme, et *la passion nostre Seigneur* (f. fr. 975).

104. *Le miroer ou l'ame se doit mirer*.

* 105. *Le livre de l'abuzé en court*.

106. *Les épistres à Othéa* (f. fr. 848).

107. *La naissance des chozes*.

Au IIIIe pulpitre du costé dudit jardin a deux rencs de livres :

108. *Omelie Johannis Crisostomi*.

109. Le livre *de dignitate sacerdotali*.

110. *Summa de vitiis*.

111. *Le livre nommé Pharetra (1)*.

112. Le livre de *Mélibée*.

(1) Fol. 214, r°.

113. *La vie sainct Julien* en latin (f. lat. 5285).

114. *De regimine principum* (f. lat. 6482).

※ 115. Le livre *du gouvernement des roys et princes*.

※ 116. *L'instruction d'un jeune prince* (f. fr. 1216).

117. Le *livre de l'instruction des jeunes Roys et princes*.

118. Le livre du *cuer d'amours*.

119. *Le Brut d'Angleterre* (f. fr. 358).

Au haut dudit pulpitre :

121. Ung livre vieil d'*Aristote, de animalibus*.

122. Le livre du *débat de deux amours* (f. fr. 1685).

123. *L'aguillon d'amours divine pour bien mourir*, en molle et parchemin.

124. *La gésine nostre Dame* (f. fr. 1866).

125. *Le débat des quatre Dames*.

126. *Le livre de la vie contemplative*.

127. *Les croniques du bon duc Loys de Bourbon* (1).

---

(1) Aujourd'hui à la bibliothèque publique de Saint-Pétersbourg, n° 46⁵·² des manuscrits français du fonds Dubrowsky. Je me suis servi de ce manuscrit pour publier cette chronique, en 1876. (Collection de la Société de l'Histoire de France).

※ 129. *Le livre des troys vertus à l'enseignement des dames* (f. fr. 452).

130. *L'estrif de fortune.*

De l'autre cousté, ou a deux rencs :

131. *L'ordinaire des crestiens,* en molle et parchemin.

132. *Le seul parler* ou *les prières sainct Augustin.*

133. Le livre des *troys vertus, à l'enseignement des dames (1).*

※ 134. Le livre de *contemplation* (f. fr. 990).

135. *La vie sainctе Enymye* (f. lat.).

136. Le livre du *credo et comment on pèche mortellement ou véniellement.*

137. Le livre des *révélations que nostre Dame fist à sainctе Elisabeth.*

※ 138. Le livre de pluseurs *miracles faitz par la vierge Marie.*

139. Le livre *des Veneurs* (2).

140. Le livre *comme on se doit préparer et ordonner à recevoir le corps nostre Seigneur.*

※ 141. Le livre des *Sermons de M° Jehan Gerson.*

(1) En marge : Déficit.
(2) En marge : Deficit.

142. *Examen de conscience de sainct Pierre de Luxembourg.*

* 143. *La vie saincte Ragonde.*

144. Le livre parlant du *traicté de perfection.*

Au hault renc dudit pulpitre :

* 145. Le livre de *la maison de conscience.*

146. Le livre de *la maison de conscience.*

147. Le livre des *glorieuses Maries* filles de madame saincte Anne (f. fr. 1531-1532).

148. *Vita sancti Hilarii.*

149. Le livre des *lamentations sainct Bernard* (f. lat. 10626).

150. Le *jardin de contemplation.*

151. Le livre du *chemin de longue estude.*

* 152. Le livre de *pélerinage de vie humaine (1).*

* 153. Le livre de *la complaincte de l'hômme à son âme, et l'enhortement de soy amender espirituellement.*

154. Le livre de *Dante* (f. de Novarre 42).

155. Le livre de *l'arbre des batailles* (f. fr. 1274).

Au pulpitre contre la muraille ainsi qu'on entre à la main droite sont les livres qui s'ensuivent :

156. *Les décretalles.*

(1) f° 215, r°.

157. *Memoriale historiarum* faiêtes à sainêt Victour.

158. Le livre de *digeste neufve.*

159. Le livre de *l'inforciat.*

160. Ung volume contenant troys livres de *codde, una cum institutionibus.*

161. *Sextus decretalium.*

162. *Les clémentines.*

Au hault dudiêt pulpitre :

163. Le livre *de caritate.*

164. Le livre de *Almasorius*, servant à médicins.

165. *De ecclesiastica potestate fratris Augustini de Ancona.*

166. *De proprietatibus rerum.*

167. Boëce *de consolation.*

168. Le livre nommé *Catholicon.*

169. Une *cronique abrégée* en latin.

170. *Textus decretalium (1).*

Au milieu de la dite librairie a deux pulpitres ; au premier sont les livres qui s'enssuivent :

171. Le livre de *Bo[c]cace des nobles hommes malheureux (2).*

(1) F. 215, v°.
(2) Defficit.

172. Le livre de *Jehan Bocace des nobles femmes malereuses*.

173. Le livre du *Trésor*.

174. *Valère le grant*, à deux fermans, douze bouilhons de cuyvre doré, couvert de drap d'or.

175. Deux volumes de *Vincent l'istorial* contenant XXII livres; à chascun desdiz volumes a deux fermans et XXIIII bouilhons de cuyvre doré, couvertz de drap d'or (f. fr. 50-51).

176. *Le chevalier Normant*.

De l'autre costé dudict pulpitre :

177. La *légende des sainctz et des martires qu'ils souffrirent*.

178. *Le rational du divin service et office*.

179. *La légende dorée*.

180. Le premier volume de *Tristan*.

181. Le second volume de *Tristan*.

182. Le livre du *jardin de Noblesse*.

Au second pulpitre du millieu de la dicte librairie :

183. Quatre grans volumes de *Perceforestz*.

184. *Le miroer historial* (f. fr. 52).

De l'autre cousté :

185. Le livre de *Giron le courtois* (f. fr. 358). (Nota que le Roy l'a eu) (1).

(1) Deficit.

186. Le livre de *Tristan de Loennois* à boulhons et fermouez de cuyvre doré, couvert de veloux figuré (f. fr. 334).

187. Le livre de *Lancelot du Lac* à fermouez et bouilhons et couverture comme le précédent (f. fr. 344) (1).

188. Le livre de *Marques* fermans bouilhons et couverture comme le précédent (f. fr. 93).

Au bout dudit pulpitre sont enclos les livres qui s'ensuivent :

200. Une *petite bible* à deux fermans d'argent blanc.

201. Le livre de *l'ordre du Collier* à deux petiz fermans de cuyvre doré couvert de veloux vert.

202. Le livre de la *Lamentation de Georges Chastellain* faicte par Robertet.

203. La Xe *satire de Juvénal* en françoys rithmée.

204. Le livre des *ordonnances que le Roy Charles VIIIe de ce nom fist en France, quant il passa les montz pour aller à Naples*.

205. *L'orologe de dévotion*, en molle et parchemin.

206. *L'instruction et consolation de la vie con-*

---

(1) F° 216, r°.

templative faicte par frère Olivier Maillard, en molle et parchemin.

207. *L'exhortation faicte au Roy Loys XI*ᵉ pour aller oultre mer.

208. Le lapidaire, qui parle des vertuz et propriétez des pierres précieuses.

209. Le *débat du faulcon et du levrier*.

210. *Rethorica Guillermi Ficheti*, en molle, papier.

211. Ung *livre d'oraisons* couvert de parchemin.

212. *L'examen de conscience* en parchemin (1).

213. Troys petiz *livres de kirielles*.

214. Ung autre petit *livre d'oraison*.

215. *Abrégé de la destruction de Troye* en cinq fueilletz.

Aux poulpitres qui sont penduz du cousté de la faulce braye, ainsi qu'on entre à main droicte en la dicte librairie, sont les livres qui s'enssuivent :

Et premièrement au premier poulpitre :

216. Le livre intitulé : *Cathena aurea sancti Thome,* en molle papier.

217. Ung livre nommé *Moralia Job,* en molle papier.

---

(1) F. 216, vº.

218. Deux grans vollumes nommés *Pantheologiorum,* en molle papier.

219. *Vita Xpisti prima et II ͣ pars,* molle, papier, en deux vollumes.

220. *Epistole sancti Jheronimi,* en molle papier.

221. *Le rommant de la Rose.*

Au 2ᵉ pulpitre en montant :

222. *Epistole Ciceronis,* en molle, papier.

223. *Josephus,* en molle, papier.

224. Cinq volumes de *Lira,* en molle, papier.

225. *Speculi moralis liber tertius.*

226. Troys volumes *du miroer historial,* en latin, molle, papier.

227. *Les décades de Titus Livius,* molle, papier, et en latin.

228. *Biblee (1) (secunda) pars,* en molle papier.

229. *De planctu ecclesie,* en molle, papier.

Ce sont les livres qui sont sur le plus hault poulpitre, le long de la dite muraille :

230. Le livre intitulé *Vita patrum,* en molle papier.

231. *Traductio librorum Johannis Crisostomi,*

---

(1) Le premier *e* du mot *Biblee* est surmonté d'un point dans le manuscrit, comme si l'on avait d'abord écrit *Biblie.*

super Matheum, e greco in latinum, en molle et papier.

232. *Ambrosius, de officiis,* en molle, papier.

233. Le *nouveau testament corrigé,* en molle, papier.

234. Ung petit livre de *décret,* couvert de vert, en papier, à la main.

235. *Quartus metheorum Alberti* (1), *cum minoralibus* (2), *et parvis naturalibus, de nutrimento et nutribili,* en papier à la main.

236. Le livre de *l'incarnation Jeshu Crist,* à la main, papier.

237. *Speculum aureum anime peccatricis.*

238. *Sermones fratris Roberti,* en molle, papier.

239. *Ordonnances et statuts de Savoye,* à la main, papier.

240. *Sermones sancti Leonis pape,* en molle, papier.

241. Ung livre des *figures des mors des mulles et chevaulx, et de pluseurs médicines pour icelles,* en papier, à la main.

* 242. La *maison de conscience,* à la main, en papier.

---

(1) Aristotelis (?).
(2) Mineralibus.

243. Le livre de *Dante,* en molle, papier.

244. Les croniques *Aymery de Beaul[é]ande,* comme il conquist Nerbonne et Languedoc, à la main, papier.

* 245. Le livre de *sainte Catherine de Sene* (1), à la main, en papier.

246. *Novum testamentum in sensu morali,* à la main, papier.

247. *Aurea Biblia,* en molle, couverte de parchemin.

248. *Interrogatorium seu confessionale Bartholomei de Chamys de Mediolano,* en molle, papier.

249. Le *trésor de sapience,* escript partie en parchemin, et partie en papier, à la main (2).

250. *Réprobations d'aucunes erreurs de la foy,* en papier, à la main.

251. *Boëcius de consolacione, cum commento sancti Thome.*

* 252. *Le livre des filles, fait par le chevalier de la Tour,* à la main, en papier.

253. *Le livre des histoires de Troye,* comme ilz édiffièrent Paris, et pluseurs autres villes et citez, en papier, à la main.

(1) Sienne (?).
(2) F. 217, verso.

254. Le *livre des Anges,* en papier, à la main.

255. *L'arbre des batailles,* en papier, à la main.

256. *La passion sainct Vincent,* en papier, à la main.

257. Ung livre du *parement des dames,* en papier, à la main, couvert de parchemin (f. fr. 2376).

258. *Dido, royne de Carthage,* [en] papier, à la main.

* 259. Ung livre envoyé *pour vaincre les temptacions à une nonne de Frontevaux,* en papier, à la main.

* 260. Le livre de *Mellusine,* en papier.

* 261. *La passion nostre Seigneur,* en françoys, papier, à la main.

262. Les *romans des ducs,* en papier, à la main.

* 263. Le *livre de sapience,* en molle, papier.

264. Les *histoires croniques et merveilleuses adventures d'Appolin, Roy de Thir,* en papier, à la main (1). (Mme la princesse l'a eu.)

265. Les *merveilles du monde,* en papier, à la main.

266. Le livre de *Mélusine,* en papier, à la main.

(1) En marge : Deficit.

267. Le *quart et derrenier volume de Froissart*, en papier, à la main (1).

* 268. *La maison de Conscience*, en papier, à la main.

269. *La résurrection nostre Seigneur*, rithmée par personnaiges, comme elle fut jouée [à] Angiers, en papier, à la main (f. fr. 972 ?).

270. *La légende dorée*, en francoys, molle et papier.

271. *Le troysiesme livre de la cité des dames*, à la main, en papier.

272. *Le nouveau testament*, en molle, et papier.

* 273. Le livre de *Ponthus*, en papier, à la main

274. *La moralité des nobles hommes et saiges*, selon le jeu des eschetz, en papier à la main.

275. *La passion saint Adrien*, à la main, papier.

276. *La vie nostre Dame*, à la main, papier (f. fr. 1533).

277. *Le chevalier délibéré*, à la main, papier.

278. Le livre de *Faulconnerie*, à la main, papier.

279. *Le pélerinage de l'âme*, en prose, à la main, papier.

280. *Le Gilloque qui parle de la loi de nature*,

1 Fol. 218, r°.

qui a deux commandemens, et de la loy d'escripture, qui en a dix, en papier, à la main.

*281. Le livre des *Sermons M° Jehan Gerson*, en papier, à la main.

*282. Le livre de *Paris et Vienne* (1), en papier, à la main.

283. Le livre de *Theseus*, en papier, à la main.

284. Le livre appelé *Milles et Amys*, en papier.

*285. *Le livre qui parle que c'est du prebstre, de l'esglise et de la messe*, en papier, à la main (f. fr. 1884).

286. Le livre *des oyseaux qui vivent de rapine*, en latin, escript en papier, à la main (2).

*287. Le livre de *Clériadus d'Estoure, roy d'Angleterre et d'Irlande*, en papier, à la main.

288. Le livre du *triomphe des dames*, en papier, à la main.

*289. Le livre de *la montaigne de contemplation*, à la main, papier.

*290. Le livre des *Secrets qu'Aristote envoya à Alixandre*, en papier, à la main.

291. *Bertrand du Guesclin*, en papier, à la main (f. fr. 4993).

(1) Vénus ?).
(2) F° 218, v°.

292. *La passion nostre Seigneur,* en françoys, en papier, à la main.

293. Le livre de la *mortiffication de vaine plaisance.*

* 294. *Les espitres Othéa,* en papier, à la main (f. fr. 848).

295. Ung *livre en espaignol, parlant du sacrement,* à la main.

296. Une *autre espitre à Othea,* à la main.

297. Les *croniques Martiniennes,* en papier, à la main.

298. Le *livre des bonnes meurs,* en papier, à la main (f. fr. 1023).

299. *Le gras et le meigre, Le bréviaire des nobles, Le débat des deux femmes, Le miroer des nobles de France, L'ung et l'autre, La belle dame sans mercy,* et le *Réveille-matin,* en papier, à la main.

300. Les *croniques de Monseigneur Sainct Loys, Roy de France,* en papier, à la main (f. fr. 2829).

301. *Le miroer de la rédemption humaine,* en molle et papier.

* 302. *Le livre que le Roy de Cecille envoya au duc Jehan de Bourbon avec la dance des aveugles,* en papier, à la main (f. fr. 1989).

303. Le *livre de bonnes meurs*, en molle (1).

304. Le premier volume nommé *Cameron* autrement dit les *cent nouvelles fait par Bocace de Certalde*, en papier, à la main.

305. *Preceptorium divine legis magistri Johannis Medici*.

306. Ung *livre des faits Merlin*, en molle.

307. *Le Rommant de la Rose*, en prose, en papier, à la main.

* 308. *Clériadus et Méliadisse*.

309. *Pierre de Prouvence*.

Ce sont les livres qui ont esté restituez et aportez de Paris, l'an v^cx. C'est assavoir :

310. Ung volume ou a *cent ballades, pluseurs lais et virelaiz, rondeaux, Jeux à vendre, l'Espitre au dieu d'Amours, Le Débat des deux amans, Les Troys jugemens, Le Dit de Poissy, Les Espitres sur le rommant de la Rose*, en parchemin, à la main.

311. Ung autre ou est *Le Livre du chemin de longue estude, Les Ditz de la pastoure, Une Belle oraison de sainct Grégoire*, et *Le Livre du duc des vrais amans*, en parchemin, à la main.

(1) Fol. 219, r°.

312. Ung autre volume contenant *Les Troys livres de la cité des dames,* en parchemin, à la main.

313. Ung autre volume des *Espitres que Othéa, déesse de prudence, envoya à Hector de Troye,* en parchemin, à la main.

314. Ung autre volume ou est *Le Livre de Prudence, Les Proverbes moraulx,* une *Espitre à la Royne de France,* une *autre à Eustace Morel,* en parchemin, à la main (1).

Les diz cinq livres sont touz couvers de veloux rouge et tenné, garnys de fermans de leton de boulhons et carrées (*sic*).

Item y a en la dite librairie une *astralabium regale,* ou sont les mouvements de la lune, de la sphère (2), et des sept planettes, et du dragon, le tout de leton.

Item y a une belle sphère (2) ou sont touz les segnes du zodiaque.

Item une belle table carrée, faicte à marqueterie, ou sont pluseurs villes painctes à piesses rapportées, faicte en Alemaigne.

---

(1) 219, v°.
(2) Dans le manuscrit, l'*h* du mot sphère a été barrée et raturée après coup.

Le présent inventaire a esté faict par nous Pierre Anthoine, conseiller du Roy nostre sire en son grand conseil, à ce commis. Et a esté veriffié avecques deux vieulx inventaires, trouvés à la dite livrée (1), à nous baillés par maistre Mathieu Espinette, chanoyne de Molins, librayre, et commis à la garde de ladite livrerie, qui a esté présent et assistant avecques nous, auquel avons laissé lez clefz et charge de la ditte livrerie, comme il avoit par devant, qui nous a promys en respondre sauf lez defficit sus mys. Faict à Molins le XIXe jour de septembre l'an mil cinq cens vingt et troys. (Signé) Anthoine, avec paraphe. Espinette, avec paraphe.

Item, après ledit inventaire faict, avons trouvé une layette en laquelle sont les livres qui s'ensuyvent :

315. Le *brevyère* de feuue ma dame de Bourbon, intitulé le temporel commensant à Pasques, jusques à l'advent.

316. Le *temporel,* commensant aux *sendres* finissant à *Pasques.*

317. Le *temporel,* commensant à l'*advent,* finissant à la *quinquagésime.*

---

(1) (Sic), sans doute pour livrerie, comme plus bas.

318. L'*ordinère des sainctz*, commensant à la *Saint André*, finissant à la *Saint Jehan*.

319. Le *Sentuère*, commensant à la *Saint Jehan*, finissant à la *nativité Nostre Dame*.

320. Le *commun des Sainctz*.

321. Le *Sanctuaire*, commensant à la nativité *Nostre Dame*, finissant à la *Sainct-André*, toutz en parchemin, à la main, et estoient à feuue ma dicte dame de Bourbon, pour dire ses heures, lesquelz ont esté baillez audit Espinette, en deppostz, pour ce que le chappellain, qui disoit ses heures avecques madicte dame, les disoit estre siennes.

Nota que en la dicte layette y avoit troys aultres livres, c'est assavoir : 322. Ung saultier ou sont les sept [saulmes] en parchemin ; 323. Ung autre sautier, commensant à *beati immaculati*, et 324 ung petit saultier, en molle, les queulx furent baillés et envoyés à madame la princesse de la Roche-sur-ion, comme appert par recepisse de Yllere de Marconay.

(Signé) ANTHOINE, *avec paraphe*.
ESPINETTE, *avec paraphe*.

(Inventoire faict par maistre Pierre Anthoine, conseiller du Roy en son grand conseil, des livres estans en la librairie du chasteau de Molins.)

GLOSSAIRE

INTRODUCTION GRAMMATICALE

N s'étonnera peut-être bien un peu de rencontrer en tête de ce petit glossaire une *introduction grammaticale,* dans le genre de celles dont la collection des grands écrivains de la France, publiée sous la direction de M. Ad. Régnier, nous offre à la fois le programme et le modèle. Ce n'est pas que nous ayons jamais songé à réclamer pour la fille de Louis XI une place parmi les grands écrivains français, ni encore moins que nous ayons eu la prétention de comparer notre modeste opuscule aux vastes et consciencieux travaux des collaborateurs de l'illustre philologue. Nous avons tout simplement voulu, en même temps que nous donnions dans le *Glossaire* le sens des mots vieillis et à

présent hors d'usage employés par la duchesse Anne, rassembler et grouper, dans une sorte d'avant-propos, les particularités grammaticales, qui font du français tel qu'elle l'écrivait, une langue si différente de celle dont nous nous servons.

Notre but a été, dans un premier chapitre, de faire passer sous les yeux du lecteur les permutations et transformations de lettres qui affectent chaque mot isolément et en changent l'orthographe, la prononciation, et, pour ainsi dire, la physionomie, mais non le sens. Dans le second, nous nous sommes efforcé de faire ressortir et de noter aussi exactement que possible, dans les limites de notre cadre, les règles, les tours et les formules les plus caractéristiques de la langue de la duchesse Anne, sans oublier pour cela que l'usage de certaines figures de mots ou de pensées, que certaines habitudes de langage n'ont pas été sans contribuer aussi pour leur part à accentuer un peu plus les différences, très-réelles après tout, que l'on ne peut s'empêcher de reconnaître entre le français des XVe et XVIe siècles et la langue que nous parlons à présent.

PHONÉTIQUE

A pour E.

Advanture, p. 41.
Avanture, p. 24.
Advanturer, p. 184.
Apparçoivent, p. 97.
Consantir, p. 34, 105.
Damoiselle, p. 14, 37.

Evidamment, p. 44.
Incontinant, p. 3, 42.
Plain, p. 2.
Plainement, p. 7, 66.
Ramantevoir, p. 58.
Ramantevant, p. 17.

A pour AI.

Agus (yeulx), p. 43.

A épenthétique.

Saouller, p. 89, pour souller, souiller.

AI pour A.

Acconpaigner, p. 102.
Accompaigné, p. 180.
Aventaiges, p. 37.
Couraige, p. 1.
Couraiges, p. 7, 9, 10.
Gaigne, p. 52.
Haultaine, p. 49.
Langaige, p. 43, 70, 71.
Enlangaigée, p. 67.
Lignaige, p. 48, 52, 55, 57, 58, etc.

Ouvraige, p. 9.
Saige, p. 13, 16, 28, 54, 98, etc.
Saiges, p. 7, 9, 12, 13, 20, 21, 39, 45, 58, 62, 68, 95, etc.
Saigement, p. 38, 77, 91, etc.
Saichans, p. 40.
Saichez, p. 48, 89.
Sçaivent, p. 27.
Visaige, p. 108, 180.
Ymaiges, p. 67.

AI pour EI.

Faindre, p. 66. Faignez, p. 60.
Faignant, p. 73. Faintise, p. 55, 59.

AI pour OI.

Amaindrie, p. 55. Maindres, p. 51.

B étymologique.

Dessoubz, p. 52. Soubdaines, p. 16, 33.
Doubtant, p. 37. Soubz, p. 81.
Doubte, p. 18, 21, 34, 131. Subgect, p. 6, 16.
Doubter, p. 4, 28, 34, 62, 133. Subgecte, p. 16.
Redoubtables, p. 47. Subgection, p. 16, 81, 92.
Redoubtée, p. 3. Subjetz, p. 90.
Redoubtoit, p. 4.

C pour T avec le son de S.

Condicion, p. 25, 95, 98, 72, 86. Pugnicion, p. 19.
Condicions, p. 29, 79. Présumpcion, p. 49.
Décepcions, p. 32. Recommandacion, p. 131.
Dévocion, p. 8, 68, 92, 132. Temptacions, p. 25, 132, mais
Excusacion, p. 76. Temptation, p. 26.
Inclinacion, p. 123. Tribulacions, p. 76.
Intencion, p. 23, 24, 96.

C épenthétique devant QU.

Acquicter, p. 47. Avecques, p. 41, 49.
Elle s'aplicque, p. 54. Doncques, p. 2, 17, 42, 71.

Onrques, p. 43, 54, 59, 63, 76.
Morque, p. 89.
Morquent, p. 89.
Mocqueurs, p. 90.

Mocquer, p. 90.
Mocqueresses, p. 83, 88.
Publicquement, p. 58, 85.

C devant T

tient quelquefois la place d'un premier T, comme dans attendre, mettre, etc.; le plus souvent il est étymologique, comme dans faictes, dictes, etc.; parfois aussi il a été introduit par analogie, mais sans aucun motif étymologique, comme dans crainete et crainctive.

Acquicter, p. 47.
Actendent, p. 3.
Actendant, p. 73.
Actendons, p. 5.
Actribuée, p. 34.
Actendre, p. 38.
Ajoincte, p. 34.
Auctorité, p. 31.
Contraincte, p. 55.
Craincte, p. 4, 8, 44, 47, 81, 92, 97, etc.
Crainctives, p. 84.
Dictz, p. 8, etc.
Dictes, p. 10, 40, etc.
Susdictes, p. 45.
Droict, p. 49, 55.
Droicte, p. 9.
Effect, p. 63.
Estaincte, p. 95.
Estraincte, p. 40.

Faict, p. 86.
Faictes, p. 11, 25, 45, 55, 63, 64, 72, 101, etc.
Faictz, p. 7.
Mect, p. 100.
Mecte, p. 25.
Mectent, p. 62, 86.
Mectez vous, p. 20, 60, 65, 67, 68.
Mectre, p. 30, 48, 59, 63, 77.
Parfaict, p. 75.
Parfaicte, p. 6, 10, 38, 48, 63, 73, 74, 76, 95, 97.
Parfaictement, p. 3, 47.
Practique, p. 96, etc.
Sainct, p. 3, 5, 6, 8, 31, 63, 85.
Saincts, p. 8.
Saincte, p. 8.
Subgect, p. 6.
Subgectes, p. 84.

C pour CC.

Acomply, p. 21.   Acoustumer, p. 26.

Cc pour C.

Neccessaire, p. 18, 61.   Neccessitez, p. 48, 79.

C pour CH.

Castes, p. 44.

C pour S.

Dancer, p. 93.   Penceons, p. 182.
Pencer, p. 81.   Recompancer, p. 66.
Penceoit, p. 180.

C pour SS.

Just chaucées, p. 27.

C pour S.

Deffence, p. 163.   Responces, p. 45.
Faulce, p. 31.   Responce, p. 45.

Enfin C a été introduit dans le mot sçavoir, p. 20. 85, 89, etc., et ses dérivés de toute nature : sçavent, p. 87 ; sceu, p. 58 ; sçait, p. 95, 99 ; sçauroit, p. 21 ; sçavans, p. 101 ; sçavantes, p. 124 ; sçavance, p. 66, par un sentiment étymologique assez peu raisonné, et une confusion involontaire entre le mot français savoir qui vient de *sapere* et le mot latin *scire*, qui a le même sens.

On trouve aussi D pour T :

Il conclud, p. 41.

DD pour D.

Remed*dl*e, p. 82.

D est aussi supprimé devant s au pluriel de certains adjectifs comme grans, p. 1, 2, 3, etc., et à la finale de la première personne sing. du présent de l'indicatif de certains verbes, comme dans j'attens.

E devant les voyelles

A : jugen, p. 42 ; commencen, p. 167, 197 ; chargenstes, p. 167 ; pensen, p. 41 ; penceant, p. 128 ; penseant, p. 26, 123 ; renforceant, p. 194 ; tranchea, p. 191 ;

I : conveint, p. 16 ; feist, p. 167 ; teint, p. 41 ; veint, p. 59 ;

O : encheoir, p. 12 (cf. chéans, p. 27) ; penceoit, p. 180 ; penceons, p. 182 ;

U : aperceut, p. 41 ; asseuré, p. 172 ; asseurée, p. 29, 129, 180 ; asseurées, p. 42, 43 ; congneu, p. 32 ; congneue, p. 44 ; déceue, p. 8 ; deceues, p. 35, 42 ; deu, p. 21 ; esleut, p. 174 ; peust, p. 42 ; pleust, p. 40 ; preudhomme, p. 8 ; receu, p. 162 ; sceu, p. 58 ; sceussent, p. 77 ; sceussiez, p. 23 ; seure, p. 13, 53 ; seureté, p. 74 ; seurté, p. 98 ; veu, p. 162.

Quelquefois E est supprimé comme dans

Enorg*u*illir, p. 46. Seur*t*é, p. 98.
Org*u*illir, p. 47.

E pour A.

Bende, p. 49, 178, 179, 180, 182.   Lermoinst, p. 180.
Comptent (contant), p. 68.   Louenge, p. 47, 123, 127, 165.
Défience, p. 97 ; cf. fiances, p. 98.   Ventence, p. 111.
Epouventable, p. 162.

E pour AI.

Clerement, p. 97.
Clers semés, p. 101.

Fère, p. 97 et *passim*.

E pour I.

Deablerie, p. 31.
S'enclina, p. 180; s'enclinent, p. 9.
Messel, p. 33.

Miroer, p. 65.
Ne pour ni, p. 4, 35, 36, 51, 53,
59, 66, 76, etc.

E pour O.

Voulenté, p. 38.

E pour OY.

Créant, p. 35.

On trouve aussi EI pour E.

Meine, p. 80.

Reigle, p. 9, 28, 84, 124, 126.

EU pour OU.

Desceuvre, p. 80.
Desceuvrent, p. 87.
Seuffres, p. 49, 50, 75.

Seuffrent, p. 91.
Treuvent, p. 47, 85, 90.

EU pour ŒU.

Euvre, p. 10.

Seurs, p. 51.

F

est supprimé dans ententiz, p. 64 (pour ententifs).

Il est conservé, au contraire, dans les adjectifs féminins briéfve, p. 1 et 6, et griéfve, p. 28 et 80, où il fait double emploi avec le v.

Enfin il est doublé dans quelques mots, tantôt par raison étymologique, comme dans affin, p. 17, 31, 53, 69, etc. *(ad finem)* ou le premier *f* représente le *d* de *ad*, et dans aucuneffois (aucunes fois), p. 93, où il représente l'*s* final de aucunes; tantôt enfin sans motif appréciable autre que l'usage, comme dans certiffient, p. 87; prouffit, p. 84; prouffitable, p. 10, 71, et prouffitables, p. 68.

G final

est quelquefois étymologique comme dans besoing, p. 29 (cf. l'italien *bisogna*, il faut); desdaing, p. 71 (cf. l'italien *disdegno*, venant du latin *dis dignum*); quelquefois on ne lui connaît d'autre raison que l'usage, comme dans ung, p. 11, 13, 16, 19, etc., (du latin *unus*).

H prosthétique.

*H*abondance, p. 92, 165.

H épenthétique

Ab*h*ominable, p. 12, 48.   Je*h*an, p. 85.
Cat*h*on, p. 67.   J*h*ésus, p. 8, 26, 86.

Aphérèse de H.

L'*a*bit, p. 13.   L'*o*rologe, p. 8.
L'*o*nneur, p. 122.   *Y*pocrisie, p. 31.

Syncope de H.

Preu*d*omme, p. 8.   Tra*ï*son, p. 32.

I pour E.

Liger, p. 53.
Ligère, p. 41.

Ligèrement, p. 28.
Purité, p. 126, 131.

I pour Y.

On ne s'*i* peult emploier, p. 9, 11, 38, etc.
Aïant, p. 63, 64, 75.
Aient, p. 67, 70, 91.
Aiez, p. 8, 20, 73.
Croiant, p. 20, 29.
Croient, p. 28.
Croiez, p. 11, 25, 53, etc.
Desvoier, p. 28.
Emploiez, p. 63.
Envoier, p. 38.

Festoiant, p. 78.
Festoier, p. 102.
Martirs, p. 75.
Moïen, p. 92.
S'i pour s'y, p. 7, 16, etc.
Soient, p, 18, 22, 67.
Soiez, p. 8, 11, 13, 27, etc.
Voient, p. 85.
Voiez, p. 59.
Voient, p. 95.

IE pour E.

Briefve, p. 1, 6.
Congié, p. 42.
Dangiers, p. 1, 47.
Eschiet, p. 45.
Meschiet, p. 79.

Griefve, p. 80.
Griefves, p. 28.
Legier, p. 79.
Legiers, p. 36, 43.
Rechief, p. 12.

I

retranché aux 1re et 2e personnes pl. du présent du subjonctif.

Fasses (quoy que), p. 11.
Gardes de toutes privées et honorables acointances (je vous conseille que vous), p. 35-36.

Portes (que les), p. 25, 27.
Puisses, p. 48, 49, 52, 72, 73, etc.
Puissons (que nous), p. 10.
Ressembles (que ne), p. 27.

l a persisté dans le futur secourira, p. 128, pour secourra; cf. purité, p. 270.

L

se rencontre dans bien des mots où l'on ne le met plus aujourd'hui; tantôt par une raison étymologique, quand L se trouvait dans le mot latin d'où le français a été tiré, comme c'est le cas pour au/cuns, p. 9; au/cune, p. 126 (du latin *aliquis unus, aliqua una*); au/tre, p. 8, 15, 17, 46, 48, etc. (de *alter*); au/trement, p. 21 *(altera mente)*; beau/té, p. 121 *(bellitatem)*; ceu/x, p. 4, 6, 21, 70, etc. *(eccillos)*; dou/ce, p. 29, 43, 48, 54, etc.; dou/ceur, p. 29, 38; dou/cement, p. 124, 125 (du latin *dulcis)*; eu/x, p. 14, 40, 69 (du latin *illos)*; exau/cées, p. 58 (du latin *exaltatas)*; fau/t, p. 7, 16, 34, 43, 62, 123, etc. *(fallit)*; fau/te, p. 16, 65, 80, etc. et fau/tes, p. 17; fau/droit, p. 17; fau/x, p. 81, 172; fau/ce, p. 31 du latin *falsus)*; genou/x, p. 64, 183 *(genuculum)*; hau/t, p. 29, 46, 49 *(altus)*; jau/nes, p. 28 *(galbinus)*; loyau/té, p. 21 *(legalitatem)*; leau/x, p. 34 *(legalis)*; mau/dit, p. 13, 48; mau/dites, p. 19 (de *maledictus)*; mau/x, p. 32, 37 *(malos)*; mau/vais, p. 3, 6, etc.; mieu/x, p. 7, 25, etc. *(melius)*; nouveau/x, p. 17 *(novellus)*; ou/tre, p. 22 *(ultra)* et ses composés ou/trecuidance, p. 41, 49, etc.; ou/trecuidées; privau/té, p. 43 *(privalitatem)*; yeu/x, p. 20, 43, 44, 47, 64, 65, etc. *(oculos)*. — Tantôt par analogie dans certains mots qui ne l'avaient pas en latin, ex. peu/t, p. 16, 21, 25, 31, 38, 59, 68, 70, 71, 80, etc. *(potest)*; meu/t, p. 62 *(movet)*; [cf. veu/t, p. 209 dat. *vult)*;] envieu/x, p. 87 *(invidiosus)*; gracieu/x, p. 56, 68 *(gratiosus)*; joyeu/x, p. 40, 68 *(jocosus)*; vertueu/x, p. 89 *(virtuosus)*; [cf. eu/x *(illos)*; ceu/x, iceu/x *(ecce illos)*.]

Quelque fois, sans qu'on puisse en donner aucune raison étymologique, on trouve LL au lieu de L, par exemple dans bestia/lles, p. 19 et 78 *(bestialis)*; cel/ler, p. 80, 96, cel/lant, p. 98 *(celare)*; évangille, p. 53 *(evangelium)*; gel/lent, p. 28 *(gelant)*; généra/lle, p. 126

(generalis); habille, p. 36 *(habiles)*; libéra//ement, p. 162; Léa//e, p. 59 *(legalis)*; Ma//adies, p. 61 *(male aptus)* ; Mora//e, p. 17 *(moralis)* ; paro//es, p. 31, 42, 74, 82, 123, 127, 129 *(parabola-paraula)* ; principa//es, p. 10, 54, etc.; principa//ement, p. 28, 34 *(principalis)*; Seu//e, p. 3, 38, 121 *(solа)*; sou//e, p. 130 *(suculare)*; subti//es, p. 2, 17, 32 *(subtilis)*; subti//ité, o. 9; choses vi//es, p. 129 *(viles)*; veu//ent, p. 47, 55, 59 *(volunt)*; vou//ez, p. 11, 73, 184 *(vultis)*.

N pour M.

Co*m*paignie, p. 98.

Epenthèse de N

devant GN, dans co*n*gneu, p. 24, 32, 36; co*n*gneue, p. 36, 44, etc.; co*n*gnoistre, p. 7, 35, 73, etc.; co*n*gnoissance, p. 6, 34, 61, 63, etc.; co*n*gnoisse, p. 53 ; co*n*gnoissent, p. 47 ; co*n*gnoissable, p. 36 ; embeso*n*gner, p. 20 ; so*n*gneusement, p. 74, 132 ; tie*n*gne, p. 32 ; Vie*n*gne, p. 74 ; advie*n*gne, p. 92 ; souvie*n*gne, p. 4 ; eslo*n*gner, p. 35, 100 ; eslo*n*gne, p. 79, 97 ; eslo*n*gnent, p. 100 ; eslo*n*gnent, p. 101 ;

Et devant T et D, au parfait de l'indicatif de prendre, il pri*n*t, p. 41 ; ils pri*n*drent, p. 42, où il est aussi étymologique venant de N latin.

On trouve aussi NN pour N, par exemple dans admo*nn*estant, p. 70 *(admonestare)* et dans les mots français tirés du latin *honor* : ho*nn*eur, p. 86 ; ho*nn*orer, p. 52, 69, 101 ; ho*nn*orable, p. 29, 83, 84, 88, 102 ; ho*nn*este, p. 92 ; deshon*n*orer, p. 86, etc.

O

est souvent mis pour A : je foys (fais), p. 164 ; et pour OU, comme dans cop (coup), p. 182, de *colaphus*, et son composé beaucop, p. 18, 19, 23, 26, 37, 43, 48, 51, 73, etc.; doloreuse, p. 26, 75 *(dolorosa)*; s'esjoyssoit, p. 180 *(gaudere)*; morir, p. 42 *(mori)*; oblié, p. 164 ; povez, p. 48, 77, 93, 97, etc. *(potestis)*; povoient, p. 62 ;

Pour AU dans saint Pol, p. 19 (*S. Paulus*); povre, p. 1, 3, 5, etc., anciennement pouvre, de *pauper*, et dans foible, p. 48, pour faible, anciennement feble (de *fallibilis*.

D'autre part, on trouve fréquemment aussi OU pour O, par exemple dans descoulorées, p. 28 (*color*); prouffit, p. 84, 86; prouffitent, p. 26; prouffitable, p. 10, 68 (*profectus*) où l'on doit remarquer aussi *ff* pour *f*; reprouche, p. 11, 126 (*repropiare* * formé sur *prope* et voulentez, p. 16, 31; voulentiers, p. 18 (*voluntas*); ouyr, p. 18 (*audire*).

Pour U, dans fouir, p. 13, 31, 67, 81 (*fugere*); souffiroit, p. 94 (*sufficere*).

Pour EU : demouriez, p. 78.

P

L'épenthèse du P n'a aucun motif étymologique dans damp*né, p. 60; damp*née, p. 86; damp*nable, p. 75; et dans temp*tations, p. 6; temp*tacions, p. 25, de *tentatio*, où l'on peut remarquer qu'elle a amené en outre le changement d'*n* en *m*.

On trouve aussi comp*tant, p. 16; comp*ter, p. 19; comp*tes, p. 17, pour contant, conter, contes (*compucare*); decep*vables, p. 63, (de *decipere*). — Aprendre, p. 17, pour apprendre (de *apprehendere*) et enfin op*pinions, p. 17 (de *opinionem*).

S

se rencontre dans beaucoup de mots où le français l'a depuis long-temps supprimé et où les habitudes étymologiques l'avaient jusque-là conservé, par exemple à la 3ᵉ personne sing. du parfait de l'indicatif de certains verbes : il dist, p. 167 (*dixit*); il fist, p. 137, 150; feist, 167 (*fecit*). A la 3ᵉ pers. sing. du présent de l'indicatif : déplaist, p. 85 (*displacet*); il gist, p. 82, 101 (*jacet*). Par suite l'S s'était introduite dans plusieurs verbes sans aucune raison d'étymologie, comme dans faust, p. 48 *(fallit)*; eust, p. 43, 63 *(habuit)*; fust, p. 162 *(fuit)*; teinst, p. 33 *(tenuit)*; peust, p. 42 *(potuit)*; discouvrist, p. 23 *(discoperuit)*; blandist, p. 13 *(blanditur)*; respondist, p. 159 *(respondidit)*. Cf. p. 269, une anomalie identique pour L.

S étymologique persistait encore à la 3ᵉ pers. sing. de l'imp. du subjonctif et dans un grand nombre de mots comme :

Abismes, p. 26.	Desfier, p. 97.
Acoustumance, p. 64, 90.	Deshonneste, p. 11, 13.
Aisnée, p. 40.	Deshonnestement, p. 32.
Aisnées, p. 51.	Deshonnestes, p. 36.
Ancestres, p. 49, 72.	Despit, p. 94.
Aspre, p. 74.	Desraisonnables, p. 16.
Aulmosnes, p. 92.	Esbatre, p. 93.
Bastie, p. 40.	Eschappe, p. 35.
Beste, p. 52.	Eschiet, p. 45.
Bestes, p. 6.	Eslever, p. 46, 49, 52.
Besteries, p. 12.	Eslongne, p. 79, 93.
Blasme, p. 81.	Eslongner, p. 97.
Blasmer, p. 17.	Espouser, p. 42.
Cest, p. 97.	Esprouver, p. 75.
Ceste, p. 12, 36, 39, 63, etc.	Estat, p. 21, 68, 69, 84.
Chascun, p. 13, 71, 73, 84, 88, etc.	Esté, p. 23, 58, etc.
Chascune, p. 84.	Estes, p. 47, 49, 61, etc.
Chastier, p. 89.	Estoit, p. 4, 32, 40, etc.
Congnoistre, p. 6, 73, 87, etc.	Estoient, p. 39, 40, 51, etc.
Costé, p. 62.	Estraincte, p. 40.
Couste, p. 71.	Estrange, p. 52, 72, 76, etc.
Coustume, p. 92.	Estre, p. 5, 7, 11, 16, etc.
Dépescher, p. 83.	Estroictz, p. 27.
Descouvrez, p. 94 et les composés de *des* comme	Eust, p. 15, 52, 73, etc.
	Fust, p. 4, 11, 15, etc.

Gaster, p. 91.
Hastive, p. 1.
Honneste, p. 9, 12, 16, etc. et ses composés
Honnestement, p. 37, 92.
Deshonnestes, p. 11, 13, 36.
Deshonnestement, p. 32 (de *honestus*).
Hostel, p. 40, 59, 61, 69, etc. (*hospitale*).
Lasche, p. 100.
Maistre, p. 83, 177 et ses dérivés
Maistrise, p. 19.
Maistresse, p. 16, 21, 24, etc.
Meschance, p. 15 et son dérivé
Meschant, p. 45, 83, 90.
Meschante, p. 13, ainsi que les autres composés où entre la particule mes, lat. *mis* (de *minus*).

Mesprendre, p. 29.
Mesler, p. 23.
Monstrer, p. 33, 91, 96, 98, etc.
Remonstrer, p. 17.
Nostre, p. 1, 8, 26, 27.
Oster, p. 60, 68, 74.
Patenostres, p. 26.
Preste, adj., p. 100.
Prestre, p. 64.
Responce, p. 44, 45.
Respondre, p. 44, 68, 72.
Soustenir, p. 56.
Tasche, p. 33.
Tastories, p. 93.
Tost, p. 91.
Tresbuché, p. 49.
Trespassés, p. 93.
Vestent, vestues, vestemens, p. 27.

S est employé :

1º Pour CH dans désirez, p. 27, pour déchirez, part. passé du vieux français deschirer, que M. A. Brachet, dans son *Dictionnaire étymologique*, fait venir du provençal *esquirar*, mais que je préférerais rattacher à *descissus* de *scindere* ou à une autre forme de la même racine.

2º Pour x dans pris, p. 6 *(pretium)*.

Et 3º pour z dans les 2ᵉ pers. pl. fichés, p. 38 et devés, p. 73.

Nous trouvons S paragogique :

1º A la fin de divers mots où rien ne semble motiver sa présence, comme dans oncques, p. 43, 54, 59, 66 *(unquam)*; doncques, p. 2, 71 *(tunc)*; avecques, p. 41 ; dans ores, p. 95 ; encores, p. 6 et 82, où l'on peut expliquer sa présence par le même besoin d'euphonie qui l'a fait ajouter à la fin de la 1re pers. sing. du présent de l'indicatif quand elle n'est pas terminée par un E muet.

2° A la fin du mot vertus (la première vertus est, p. 67) où il paraît être un vestige de l'S qui, dans le français d'avant le xve siècle, servait à distinguer le cas sujet du cas régime. Peut-être devrait-on expliquer de même l'S du mot riens, p. 7, 33, 51 et 57, bien que ce mot soit toujours au cas régime dans les passages cités.

On trouve encore SS pour s dans assavoir, p. 31, peut-être pour asçavoir ? et S pour ss dans resemblez, p. 39.

Enfin S est supprimé dans le pluriel *dient*, p. 32, 78, 85 et 87, pour *disent*, de *dicunt*.

T final au lieu de D.

Gran*t*, p. 1, 2, 3, 4, 5, 15, 23, etc.   Quan*t*, p. 12, 15, 17, 26, 36, etc.
    (grandis).   *(quando)*.
Per*t*, p. 79 *perdit)*.   Repren*t*, p. 124 *(reprehendit)*.

T pour TT.

So*t*e, p. 71.

Le T étymologique est maintenu dans néan*t*moins, p. 99.

On trouve aussi E au lieu de T final à la 3e pers. sing. du présent du subjonctif du verbe avoir, qu'il ou qu'elle aye, p. 71, 105, 106, 107, 109, 115, 122, etc.

Enfin T final au sing. est supprimé devant s au pluriel dans les substantifs et adjectifs en *ant* et *ent*, ainsi que dans les participes et dans quelques adjectifs et participes ou T final est immédiatement précédé d'une voyelle. Exemples :

Advertissans, p. 1.   Entendemens, p. 7, 10.
Couvers, p. 87.   Examinans, p. 5.

Grans, p. 32, 33, 35, 66.
Habillemens, p. 91.
Jugemens, p. 81.
Meschans, p. 5.
Mors, p. 5.
Parens, p. 49, 183.
Parlemens, p. 2.
Petis, p. 9, 66, 70.

Plaisans, p. 68.
Présens, p. 51.
Puissans, p. 39.
Regardans, p. 56.
Séans, p. 66.
Semblans, p. 31.
Servans, p. 78, etc., etc.

U pour O.

Présumptueux, p. 53, 62.
Umbre, p. 68, 81.
Et pour OU : Subdaine, p. 1.

Voluntiers, p. 65.
Ajoutons-y : Cueur, p. 8, pour cœur.

X

est mis quelquefois pour S, comme dans maulvaix, p. 3, 99, 106, 110; lourdeaulx, p. 110. Au contraire, dans chois, p. 38, S est mis pour x.

Y

remplace assez fréquemment I.
  Exemples :

Acomply, p. 21.
Adverty, p. 42.
Anéanty, p. 15.
Aymer, p. 5, 52, 63, 72, 86.
Aymez, p. 13.
Aymé, p. 78.
Aymée, p. 31, 64.
Aymées, p. 30, 44.
Amy, p. 94.

Amyz, p. 14, 18, 38.
Amyable, p. 31, 48.
Aujourdhuy, p. 94, 95.
Autruy, p. 86, 89, 90, 95, 96, etc.
Celuy, p. 21, 28, 42, 86.
Conduyre, conduysez, p. 38.
Croyent, p. 87.
Cuydez, p. 35.
Cy, p. 30.

— 278 —

Dényroient, p. 62.
Desnyent, p. 19, 62.
Doy, p. 27, 67.
Doyve, p. 88.
Dyable, p. 80.
Ennemy, p. 35, 79.
Ensuyfve, p. 28.
Ensuyvir, p. 4, 83.
Envye, p. 22, 84, 85.
Envyes, p. 4.
Envyeuses, p. 85.
S'esjouyr, p. 68.
Failly, p. 33.
Fouyr, p. 31.
Fuyr, p. 3.
Foy, p. 19, 62.
Fuyent, p. 63.
Hays, p. 23, 66.
Hayr, p. 84.
Hayne, p. 22, 85, 94.
Joye, p. 26, 43.
Loy, p. 19.
Luy, p. 8, 34, 41, 48, etc.
Mary, p. 48, 60, 73, etc.

Marry, p. 71.
Oyr, p. 64, 71, 85, 92.
Ouyr, p. 20.
Je ouys, p. 32.
Ouy, p. 42.
Oyent, p. 62.
Oyseuse, p. 8, 9, 80.
Oysiveté, p. 80.
Parquoy, p. 16, 81, 97.
Quoy, p. 21, 36, 42, 53, etc.
Quoy que, p. 11, 13, 14, 18, 19, 20.
Roy, p. 8.
Soy, p. 20, 26, 28.
Trayson, p. 86.
Voye, p. 76.
Vray, p. 25.
Vraye, p. 63, 87.
Ymage, p. 5, 68.
Ydolles, p. 68.
Yssue, p. 30.
Yssues, p. 56.
Yver, p. 27.
Y pour *il* :
Y luy sembloit, p. 4.

Z

remplace souvent S à la fin des mots, surtout après é fermé, *i*, *o* et *u*, même suivis des consonnes *l*, *t*, *b* ou des groupes *nt*, *ct*, *rt*, *rd*, comme dans :

Adversitez, p. 60, 74, 75, 76, etc.
Affilez, p. 83.

Aveugles, p. 7, 48.
Aymes, p. 13.

Charges, p. 83.
Clers semes, p. 101.
Consideres, p. 74.
Curiosites, p. 9.
Cuides, p. 35.
Diffames, p. 83.
Eschies, p. 9.
Esleves, p. 10.
Festoies, p. 40.
Humilites, p. 58.
Marelles, p. 9.
Neccessites, p. 78.
Obstines, p. 5.
Oultrecuides, p. 62.
Renommes, p. 62.
Trompes, p. 34.
Vanites, p. 4, 6.
Voluptes, p. 74.
Voulentes, p. 17, 31, 75.
Advis, p. 14, 94.
Amys, p. 2.
Ententis, p. 64.
Nos, p. 14, 60.
Propos, p. 17. 18, 19. 27, 29.

Repos, p. 47.
Vos, p. 60, 61, 69, 74, 78, 91.
Decous, p. 34.
Menus, p. 9.
Superflus, p. 91.
Tenus, p. 21.
Venus, p. 40.
Fets, p. 47.
Soubs, p. 81.
Regrets, p. 5.
Secrets, p. 97.
Dits, p. 34, 77.
Faits, p. 17, 28, 34.
Parfaits, p. 16.
Habits, p. 24, 64, 91.
Dicts, p. 8, 77.
Rapports, p. 23, 73.
Regards, p, 31.
Ils, p. 15, 18, 34, 40, 46, 47, etc.
Nuls, p. 23, 45, 55, 69.
Lesquels, p. 91.
Desquels, p. 72.
Quelsconques, p. 45.

ARTICLE.

I. *Emploi d'un seul Article défini devant plusieurs Substantifs ou Adjectifs qualificatifs.*

Princes du païs d'Alemaigne et marches d'environ, p. 39.
Non saichans du fait ne entreprise l'ung de l'autre, p. 40.
Le port et manière de la fille seconde, p. 41.
En leur demandant des coustumes ordonnances et habillemens de leur pays, comme en leur racontant de l'estat des seigneurs et dames de par deça, p. 69.
Au regard de beaulté c'est la plus prejudiciable grâce et maindre que Dieu puisse donner à la créature, p. 121.
A la prudence bonne grâce et ordonnance de ses amis, p. 38.
Pour le bruit et renommée d'elles, p. 39.
Pour l'honneur ou noblesse de la grant aliance, p. 52.
Le miroer patron et exemple des autres, p. 65.
Les simples gens et menu peuple, p. 69.

II. *Ellipse de l'Article.*

Voy. pag. 291.

NOM SUBSTANTIF.

I. GENRE.

A. *Masculin au lieu du Féminin.*

C'est erreur d'orgueil, p. 54.   La plus prouffitable euvre, p. 10.

B. *Féminin au lieu du Masculin.*

Amour parfaicte, p. 35, l. 3 et 15, p. 34, l. 11 et 17, p. 36, l. 14.
Ores est amour parfaicte et entière estnincte et effacée, p. 95.
D'amour entière, p. 96.
La parfaicte amour, p. 1.
Signe de parfaicte amour, p. 97.
Leur amour laquelle, p. 70.
Toute exemple, p. 121.

Mariage, c'est une ordre tant belle et si prisée, mais qu'elle soit honnestement maintenue, p. 37.
Sur toute rien, p. 63, et quatre lignes plus bas, ung rien.
Pour ung rien, p. 101.
Sans avoir aulcune reprouche, p. 126.

ADJECTIFS

I. *n'ayant qu'une seule forme pour le Masculin et le Féminin, en français comme en latin.*

L'adjectif *grand* (lat. *grandis*) nous présente de cette habitude de langage une série d'exemples qui ne permet de conserver aucun doute à cet égard.

A. SINGULIER.

a. MASCULIN.

Grant loyer, p. 5.
— trésor, p. 10.
— reprouche, p. 11 et plus haut.
— hostel, p. 14.
— vice, p. 15.
— sens, p. 20.
— préjudice, p. 24.

Grant mal, p. 74.
— deshonneur, p. 31.
— dangier, p. 93.
— bien, p. 105.
— orgueil, p. 106.
— nombre, p. 113.
Etc.

b. FÉMININ.

Grant douleur, p. 3.
— humilité, p. 4, 26, 53, 126.
— crainéte, p. 8.
— dévocion, p. 8, 64.
— subtilleté, p. 9.
— façon, p. 10, 32, 111.
— fasson, p. 12, 21.
— fortune, p. 15.
— pugnition, p. 19.
— curiosité, p. 25.
— seureté, p. 35.
— doulceur, p. 38.
— gloire, p. 42, 50, 53.
— puissance, p. 46.
— derrision, p. 51.
— alliance, p. 52.
— courtoisie, p. 56.
Et grand chose, p. 97.

Grant chère, p. 66.
— peine, p. 71.
— ardeur, p. 74.
— joye, p. 76.
— substance, p. 82.
— trayson, p. 86.
— mignotise, p. 92.
— révérence, p. 105.
— compaignie, p. 111.
— peur, p. 112.
— follie, p. 118.
— besterie, p. 118.
— présumpcion, p. 118.
— pitié, p. 117.
— louenge, p. 123.
— recommandation, p. 130.
— grâce, p. 132.

B. PLURIEL.

a. MASCULIN.

Grans dangiers, p. 1.
— dangers, p. 5.
— parlemens, p. 2.
— entendemens, p. 10.

Grans martyres, p. 60.
— biens, p. 60.
— dommaiges, p. 114.
Etc.

b. FÉMININ.

Grans joyes, p. 3.
— gloires, p. 3.

Grans seigneuries, p. 47.
— mères, p. 50, 51, 107.

Grans curiositez, p. 9.
— faultes, p. 16.
— audiences, p. 21.
— subjections, p. 47.
— louenges, p. 47.

Grans antes, p. 51.
— envyes, p. 54.
— constances, p. 58.
— maistresses, p. 102.
— grâces, p. 122.

On trouve aussi :

Telz gens, p. 62, 70, 87, 101, 129, etc.
Telz femmes, et telles femmes, dans la même page 67.
Gentil femme, p. 56, 84, et gentilz femmes, p. 55, 118.
Perpétuel mémoire, p. 42.

Malplaisant alliance, p. 72.
Une œuvre bien plaisant à Dieu, p. 60.
Laquelle chose est très mal séant, p. 44.
Œuvre de meschans gens, p. 90.

II. *Comparatif.*

Maindre d'elles, p. 51.

Aucune plus grande d'elle, p. 52.

III. *Superlatif.*

Parler si très bas, p. 71.
Et en y a d'aucunes tant bestialles que....., p. 78.
Le cueur lui serra si très-fort qui (*pour* qu'il) ne peult dire ung seul mot, p. 193-194.

Hà, mon cher filz, le plus défortuné qui oncques fut, qui avez eu si beau et bon commencement, et autant rempli des dons de grâce et de nature que oncques fut enfant de vostre cage....., p. 198.

IV. *Adjectifs pris substantivement, avec ellipse du substantif.*

Suivez tous jours le moyen, car il est honnorable, et en acquiert l'on, p. 119.

Tenir le moïen, p. 116.
Et font souvent le rebours, p. 78.

V. *Adjectifs employés adverbialement.*

Les devez premier entretenir que nulz autres, p. 69.
Car premier elle y fust trouvée, p. 101.
Il aura esgard tout premier à Dieu, p. 169.
Du tout (p. 11) entièrement.

Qui parlent si très-bas, p. 71.
Elles le prennent très mal en gré, p. 78.
Cher tenues, p. 30.
Clers semez, p. 101.
Tant plus fort mectre en peine, p. 31.

PRONOMS.

I. *Ellipse des Pronoms personnels.*

Voy. p. 293, 295.

II. LE *au lieu de* CELA, *pour rappeler une idée déjà exprimée.*

S'il advenoit que.... souffrez-le.... faignant de le non croire, p. 22.
Ceulx qui ainsi le font, p. 49.
L'ung et l'autre est mal séant, en espécial, quant on le fait à...., p. 71.

Gardez vous bien d'en estre surprise, et pareillement ne le souffrez à nulle de vos femmes, p. 87.
C'est mal fait à celles qui le seuffrent, p. 91.

Gardez vous d'estre mocqueresse de personne, et ne le souffrez estre à voz femmes, p. 88.	Ceulx qui le sçavent, p. 26. Ils le vous rendront au double, p. 101.
Autre chose seroit qui le feroit par jeunesse... mais il doit estre réputé à folie quant il porte préjudice à autruy, p. 90.	Et si ainsi le faictes, p. 119. Et si autrement le faictes, on le vous imputera à fierté et desdaing, p. 119.

III. IL *et* LE *rapportés à un infinitif.*

P. 90, depuis *et si aucun*, l. 7, jusqu'à à *autruy*, l. 15.

IV. *Pronom au féminin se rapportant à deux Substantifs l'un féminin et le second masculin.*

Lesquelles parolles et reprouches la dame entendit bien à quel propoz elles servoient, p. 42-43.

V. *Y* pour *il.*

Y lui sembloit, p. 4.

VI. *Lui* pour *il.*

Quant luy, qui tant estoit parfait, en avoit.... crainte, p. 4.

VII. *Qui* pour *qu'ils.*

En honneur... qui vous donneront partout, p. 101.	Pour les termes qui leur tiennent, p. 109.
Pour doubte qui ne tiennent, p. 104.	

VIII. *Soy* au lieu de *se*.

Soy en eslever, p. 121.
Soy fier de..., p. 97.
Soy garder, p. 130.

Soy mocquer, p. 89.
Cause pour soy eslongner d'eulx, p. 97.

IX. *Eux* pour *leur* ou *à eux*.

En eux ramantevant, p. 17.

X. *Eux* au lieu de *se*.

Ilz peuvent avoir cause de eulx farcer de quelque femme, p. 111.

XI. *Qui* au lieu de :

a. *Celui qui*.

C'est le pire... et qui plus est puant, p. 11.
Qui peult doit peine mettre, p. 21.
Qui n'est saige.... ensuyve les faitz de ceulx qui le sont, p. 28.
Car qui bien pensera ces trois choses, il aura plus cause, p. 74.
Qui tient son secret couvert, il le tient en prison, et si tost qu'on l'a dit, on est en la sienne, p. 94.
Qui est saige il ne doit désirer, p. 98-99.

Qui la mect bas, il monstre qu'il a lasche couraige, p. 100.
Et qui est bien saige ne se doit faindre en sa jeunesse d'ensuyvir ces vertus, p. 123-124.
Qui laisse le conseil de ses amys, il croit de legier celui de ses ennemys, dont souvent luy meschiet, et après s'en repent, mais c'est trop tard, p. 79.
Qui se eslongne de ses amys, il pert et exille son bien et son honneur, p. 79.

b. *Ceux qui*.

Y sont souvent les plus folz, et qui s'i abusent le plus, p. 7.

Les plus saiges et qui y cuident aller le droit chemin, p. 33.

XII. *Qui* pour *ce qui*.

Qui n'est pas signe, p. 9.
Qui est chose à Dieu détestable et au monde abhominable, p. 12.
Pour ce qu'elle estoit simple damoiselle, qui peu d'occasion estoit, p. 51-52.
Qui est très mal séant, p. 65.
Et semble que la parolle leur couste bien cher, ou que ce leur soit grant peine que de parler, qui est bien sote manière, p. 71.
Qui seroit grand blasme à elles, p. 81.
Qui desplaist fort à Dieu, p. 85.
Qui est une faulte non pareille, p. 88.
Qui est moult deshonneste à femmes de bien, p. 115.
Qui est chose diabolicque et abhominable, p. 117.
Qui est grant besterie à toutes deux, p. 118.
Qui est deshonneste chose à femmes nobles, p. 122.
Car ce sont faitz de noblesse, et en acquiert on bonne renommée et d'amys grant nombre, qui vous doit esmouvoir à humilité, pensant que les plus grans en doivent le plus avoir, p. 123.
Qui est contre raison, p. 62.
Qui n'est pas sens, p. 104.

XIII. *Qui* au sens de *et il* employé comme *qui* latin.

Le tiers... se print à deviser... laquelle il trouva... qui la jugea folle..., p. 41-42.

XIV. *Lesquelles* employé de même et dans le même sens.

Lesquelles parolles.... la dame entendit bien à quel propos elles servoient, p. 43.

XV. *Laquelle* au lieu de *que*.

La messe laquelle devez oyr, p. 64.

XVI. *Que* au lieu de *qui*.

Faignant de le non croire en complaisant... car il n'est point de si grand ire ne envye que par la vertu de douleeur ne soit adoulcie, p. 22.
Ce que... ne se doit pas faire, p. 55.

XVII. *Que* dans le sens de *quoi, quelle chose, quelque chose*, en latin *quid*.

Afin que.... Dieu.... ne le monde ne vous en sceussent que demander, p. 77.
Regarder s'il y a que redire en ses parens devant que d'autruy se mocquer, p. 89.

XVIII. *Celles* au lieu de *ces*.

Et ne soyez pas de celles folles, p. 78.

XIX. Et de *celles-là*.

Et celles craignent leur honneur, p. 115.

VERBES.

I. MODES.

a. *Indicatif ou Subjonctif au lieu du Conditionnel.*

Choses esquelles on puist (pourrait) courroucer Dieu par excès, p. 116.

b. *Conditionnel au lieu du Subjonctif.*

Gardez que ne seriez trompée, p. 110. (L'édition du XVIe siècle porte *soyez*.)

c. *Subjonctif au lieu de l'Indicatif.*

Si Dieu, au temps advenir, prenoit vostre mary, ou qu'il allast en guerre, et que vous demourissiez vefve, aiez bonne pascience, puisqu'il plaist à Dieu, p. 114.

d. *Participe passé absolu, au même sens que l'ablatif absolu des latins.*

Posé qu'ilz soient, p. 62.
Posé qu'il y eust, p. 73.
Et posé que.... grevast le boire, p. 102.

e. *Participe passé non sujet à accord.*

Gentillesse de lignaige sans noblesse de couraige doit être comparé à l'arbre sec, auquel n'a verdeur ne fruit, ou au bois qui au feu bruit sans ardoir, p. 57.

Laquelle chose.... ne devroit.... estre celé, p. 24.
La bonne introduction et gracieuse conduite qu'il avoit veu, p. 42.

f. *Infinitif pris substantivement ou employé comme Substantif.*

Aussi de beaucop ne trop rire.... car il est très mal séant, p. 43.
De parler aussi beaucoup ne avoir langaige trop afilé, p. 43.
Par hardiment parler et respondre à chascun, p. 43.
Leur parler, par trop parler, p. 67.

Usez de ces deux choses.... c'est assavoir de parler et regarder, p. 44.
En toutes choses, soit en parler ou autrement, p. 67.
Tant par doulces parolles que par leur ramener à mémoire, p. 60.

Sans trop grande familiarité ne trop privéement parler, p. 93.

Cause de rebellion et de vous moins obéir, p. 91.

Il n'est plus plaisante chose ne de quoi on gaigne autant l'amour des gens que pour être doulce, p. 53-54.

Tant en trop parler comme peu, p. 71.

g. Infinitif pris substantivement avec l'Article.

Au venir d'elles ne au congé, p. 100.

II. VOIX.

La conjugaison neutre employée au lieu de l'unipersonnelle.

Ces mynes n'appartiennent pas de faire, sinon à grans maistresses, p. 102. (L'édition du XVIe siècle porte : n'appartient.)

III. RÉGIME DES VERBES.

Ressemblez aucunes, p. 27, pour à aucunes.

Ressemblent estre princesses envers celles qui les vont voir, p. 110.

Elles ressemblent estre grans mères, p. 107 (semblent).

S'il plaisoit à Dieu... le vous envoier, p. 39.

Laisser à faire, p. 79, au lieu de de.

Et que, pour chose qui adviengne, qu'elles ne laissent à servir Dieu, p. 92.

Ces trois patenostres prouffitent à dire, p. 26.

Dont ceulx qui estoient présens repputoient le cas à grant derrision, p. 51.

Aussi en fut elle... tenue à beste, p. 52.

Pensez de bien conduire vos enfants, p. 117.

Qu'elle vueille estre vostre avo-
cate vers son cher filz, et le
prier, p. 127.
Nous devons donc.... penser les
grans dangers que doivent
avoir ces..., p. 5, au lieu de
penser aux grans, etc.; cf. penser... à la saincte... passion, p. 8.

ELLIPSE

1. *De l'Article défini.*

a. LE :

Chose nuisible est non congnoissable à ceulx qui n'ont engin
habille ne vertueux, p. 30 (l'engin, c'est-à-dire l'esprit.
Passer temps, p. 68.

Puisque bon langaige est aymé,
p. 71.
Grant sçavoir ne fut onc sans
vertu, à laquelle gist noblesse,
p. 100-101.

b. LA :

C'est assavoir que honnesteté en
soit la fondation, p. 31.
Noblesse tant soit grande ne vault
riens, si elle n'est aournée de
vertus, p. 57.

Pour passer mérencolie, p. 93.
Sans abaisser noblesse, p. 100.
Noblesse ne fut jamais trouvée
sans vertus, p. 119.
Au regard de beauté, p. 121.

c. LES, *masculin et féminin :*

Nostre propoz, touchant habillemens, p. 27.
Vous devez aussi honnorer estrangiers, p. 69.
Puisque vertus et bonnes œuvres
sont aussi bien louées, aymées
et cher tenues, p. 30.

D'elles s'eslongnent gens de bien,
p. 100.
Toutes femmes qui désirent avoir
bon bruit, p. 10.
Les... vertus que femmes... doivent avoir, p. 54.

II. *De l'Article indéfini.*

a. SINGULIER.

Elle avoit congneu gentilhomme, p. 32.

S'il advenoit.... que vous eussiez hostel, ou plusieurs gens, p. 59.

S'il advenoit.... que vous fussiez mariée.... à seigneur de grant puissance, p. 46.

b. PLURIEL.

Fuyez l'acointance d'envieux, p. 88.

Acquérir vertus, p. 10.

Employez vostre entendement du tout à acquérir vertus, p. 11.

Telles femmes ressemblent à ydolles et ymaiges painctes, et ne servent en ce monde que d'y faire umbre, p. 68.

On doit avoir... yeulx... oreilles... langue, p. 20.

Parler à gens, p. 68.

Il est très mal séant mesmement à filles nobles.... de parler.... beaucop, n'avoir langaige trop afilé, p. 43.

Si appartient il principallement à hommes ou à femmes nobles avoir beau port hault et honnorable, p. 29.

Ainsi que femmes de façon doivent faire, p. 128.

III. *Du mot* DE.

Dont elle fut tant confuse... qu'elle n'eust oncques puis joye, p. 43.

Vice... dont à présent viennent grans envyes et maulx, p. 54.

Dieu ne veult.... que couraiges fermes, p. 35.

Sans souffrir serviteurs diffamez, p. 83.

Trop grans mignotises ne furent oncques bien séans, p. 66.

Bruyt.... tel que gentilz femmes doivent avoir, p. 84.

On ne peult faire en ce monde plus grant trayson, p. 86.

Souvent se font faulx jugemens, p. 81.

Bruyt tel que gentilz femmes doivent avoir, p. 84.
Sans leur tenir longs comptes, p. 17.
En comptant... nouveaulx et gracieux comptes, ou en louant aultres, p. 17.
A la parfin telz gens ne sont aymez de Dieu, p. 13.
Tels gens.... sont beaucop pires que infidèles, p. 19.

à pour *aux*.

Bien séans à femmes, par espécial aux mariées, p. 67.

IV. *Du Pronom.*

1° DE LA PREMIÈRE PERSONNE DU SINGULIER.

Plusieurs aultres enseignemens... vous pourroye faire, p. 46.
Et ay veu, p. 51.
Et vous souviengne de ce que vous ay dit devant, p. 110.
Car pour l'affaire d'autruy suis tumbé en ce misérable inconvénient. p. 190.

2° DE LA TROISIÈME PERSONNE DU SINGULIER.

A. *Masculin.*

Et... alla... et les amena, p. 40.
Si pensea, p. 41.
Et conclud et l'aperceut, p. 41.
Et voulut sçavoir, p. 41.

B. *Féminin.*

Et ne vesquit, p. 43.
Car de tant que au commencement la fortune est aspre et dure, de tant est à la fin plus doulce, p. 74.

c. *Neutre à la manière latine.*

Et advint que fussiez, p. 14.
Et ne fault point doubter que, p. 28 et 62.
Car la chose estoit desja bastie ne restoit sinon que la veue d'elles leur pleust, p. 40.
Puisque ainsi est, p. 47.
En toutes choses fault tenir ordre, p. 48.
Je ne veux pas dire que.... ne doive avoir mesure, p. 54.
Ne sert que d'exemple, p. 99.

En ce monde n'a point de si grant mal que aucun bien n'en viengne, p. 75.
Et en y a d'aucunes tant bestialles, p. 78.
Si de telz gens vous advenoit avoir, p. 83.
En ce y a grant danger, p. 93.
N'a telle joye au père et à la mère, que avoir, p. 104.
Et doit avoir diférence des habitz, p. 113.

3° DE LA PREMIÈRE PERSONNE DU PLURIEL.

Et dit de rechef que, par folle espérance... ou la trop grande fiance.... y sommes tous aveuglez, p. 7.

4° DE LA DEUXIÈME PERSONNE DU PLURIEL.

Espérant que.... en aurez souvenance, p. 2.
Je vous conseille que lisiez, p. 8.
Avant que eussiez quelque provision.... et que advinst que vous fussiez mise à la court.... p. 14.
Je vous conseille, se n'est en toute doulceur que ne vous meslez que de vous, p. 23.
Tant que serez jeune, p. 24.

Et faictes tousjours tant que vous habillez le mieulx que pourrez, p. 25.
Et devez... et... ne devez despriser vos ancestres, dont vous estes descendue, p. 49.
Je vous conseille que ne les portez, p. 27.
Et touchant leurs propoz.... leur devez complaire, p. 69.

Si voullez vivre en paix de conscience, p. 73.
S'il advenoit que y fussiez..., et y eussiez..., p. 73.
En festoiant ceulx et celles que penserez qui leur seront aggréables, p. 78.

Que leur devez bailler, p. 103.
N'y devez plaindre vostre peine, p. 104.
Devez eslire religion fermée, p. 105.

5° DE LA TROISIÈME PERSONNE DU PLURIEL.

Masculin.

Tant sont, p. 19.
Et ne pourroient, p. 17.
Pensent trouver autres en faitz et en ditz semblables, p. 34.

Recevez à aussi grant chère les petis dons, si les vous font, p. 66.
Ne n'en doivent, p. 116.
Si sont doncques, p. 130.

Féminin.

Elles le prennent très mal en gré, et n'en tiennent compte, mais font souvent le rebours, p. 78.

Ne servent en ce monde que d'y faire umbre, nombre et encombre, p. 68.

V. *De* IL *après* SI *devant* LUI *et* LE.

Si leur plaisoit, p. 76.
Si le fait, p. 90.

VI. *De* LE *signifiant* CELA.

Ne leur devez souffrir, p. 91.
Ne leur desconseillez pas, p. 105.

VII. *Des Adjectifs possessifs.*

SON :

On perdroit temps de les cuider chastier, p. 82.

SA :
Ne qui tiengne promesse, p. 32.

VIII. *De la Conjonction* QUE.

Je vous conseille que ne les portez... et ne ressemblez, p. 27.

IX. *De la Préposition* DE.

S'il plaisoit à Dieu.... le vous envoier, p. 39.
Gardez vous aussi de courir ne saillir, d'aucun pincer ne bouter, p. 45.
N'auriez excusation d'en estre rebelle.... ne en riens vous y moins emploier, p. 76.
Affin tousjours de bien en mieulx persévérer, p. 99.

Tant que nul n'ait cause d'y prendre mauvais exemple ne aussi vous donner esclande autre que bon, p. 65.
Et ay veu, depuis ung an ença, en ce cas nobles femmes.... faire de telles coquardises, p.51.
Pensez de bien conduire vos enfants en bonne doctrine et ne faire pas comme ces folz, p. 117.

X. *De divers mots omis comme faciles à suppléer.*

Quoy qu'on vous en enquière, ne fasse force de le sçavoir, p. 23.
Qui depuis en ont été hays, et eu beaucop à souffrir, p. 23.
Plus contente d'aller derrière elles que au dessoubz nulle des autres, p. 52.
En ce cas comme autres, p. 54.
En ce cas ou autres, p. 55.
Vous les devez visiter, et envoyer de vostre hostel quelque chose de nouveau, p. 61.
Louer Dieu et croire qu'il est tout juste et jamais ne fait rien qui ne soit raisonnable, p. 73.
Le priant de bon cueur qui luy plaise l'oster de ceste follie, p. 74.
Et mesmement des femmes. p. 83.
Et il en est mesmement.

.... Aussi leur honneur et prouflit, p. 86 (elles trahissent).
En sçavoir tous ne peuvent estre esgaulx, ou par faulte d'entendement ou d'avoir veu et apris, p. 90.
Et vous tenez à la constance du pays... et vos femmes en point, p. 92.
Ne soiez point si muable ny volage, p. 101.
Boire à quelqu'ung en le priant d'ung autre, p. 102 (de boire à un autre).
Et font semblant d'en rien ouyr, p. 112.
Car supposé que ung chasteau soit de belle et bonne garde qui jamais ne fut assailli, si n'est-il pas à louer, ne le chevalier de sa prouesse à recommander, qui oncques ne furent esprouvez, p. 130.

PLÉONASME

I. *De* EN :

Dont il fut moult desplaisant de la veoir en ce danger, p. 41.
De délices mondaines la fin en est dampnable, p. 75.
De telles choses on en doit user et en prendre attrempéement, p. 10.

II. *De l'Adverbe* Y.

Et sur vos filles, tant comme elles seront jeunes, y devez souvent avoir l'œil pour tant que c'est charge bien dangereuse, p. 106.
Sur aucuns propoz.... n'y eschiet point de responce, p. 45.
Je vous conseille.... que envers les autres vous y usez de la plus grant courtoisie, p. 56.

III. *De* QUE :

Leur ramentevant que.... et que doncques, puisqu'ainsi est,
qu'il fait bon aprendre à bien vivre, afin que, quant l'heure

viendra, de savoir bien mourir, p. 17.

Je vous conseille que.... après tout service accomply.... que vous mectez, p. 21.

Je suis assez contente que, selon la coustume.... que vous les portez.... et dit le docteur.... que pour eschever.... temptacions qu'il est bon de..., p. 25.

Il ne fault pas doubter que si.... que l'amour n'y fust, p. 34.

Est la... nature d'ung envieulx telle que, s'il ne se peult venger... qu'il vouldroit estre mort ou l'avoir tué, et qu'il en fust vengé à son gré, mais que du faict on n'en eust congnoissance, p. 86.

Il n'est... point de si parfait amy que si vous lui descouvrez vostre secret, qu'il ne luy soit adviz, après, que, etc., p. 94.

INVERSIONS DIVERSES.

1. *Le régime ou le complément avant le Verbe.*

Mort que à toute heure j'attens, p. 1.

Et vous gardez d'y estre oiseuse, p. 8.

Qui par leurs besteries cuident... quant par leur maudite et venimeuse finesse reçoivent..... plusieurs, p. 12.

En peu de parolles gist souvent grant substance, et à bons entendeurs courtes parolles, p. 82.

Tant deshonnestement en use l'on à présent, p. 32.

Par tout le monde estoit renommée d'elles, p. 39.

Prenez y exemple et vous gardez, p. 43.

Car de telz gens vient la renommée et aussi l'esclande, p. 70.

De prières jeusnes et aulmosnes femmes vefves n'en peuvent trop faire, p. 116.

ii. *Le Verbe placé avant son sujet.*

Et ne peult homme ou femme de fasson estre trop gent ou trop net à mon gré, p. 25.
Et ne excuse point ignorance en ce cas, car, qui n'est saige.... si croie conseil, ou ensuyve les faitz de ceulx qui le sont, p. 28.
Et fut le seigneur...... adverty, p. 40.
Doncques...furent les trois filles... et en perdirent leur bonheur, p. 42.
Et est toute autre perfection réputée ville, p. 119.

Car alors seroit ce que en vous devroit estre toute humilité, p. 46.
Combien que plusieurs..... se veullent... non obstant ce si ne peult noblesse estre deffaicte ne effacée ou qu'elle soit, p. 59.
Et ne doivent telles femmes estre nommées.... mais doit on fouir leur compaignie, p. 67.
Et ne se doit ung noble cueur saouller de si meschante tache, p. 89.

iii. *Constructions différentes de l'usage actuel.*

Ne faire pas, p. 101.
A plusieurs folles.... ce leur semble, p. 50.
Quand on parle à elles, p. 112.
Celui ou celle auroit bien bon sens qui s'en sçauroit garder, p. 21.

Et si autrement le faictes on le vous imputera à fierté, p. 119.
Celui doit estre réputé saige, qui uze de telz choses attrempéement, p. 28.
Celuy pesche... qui descoeuvre ce qu'il doit celler, p. 80.

ANACOLUTHES.

Et pour mieulx vous sçavoir vivre et conduire en dévocion, p. 8. (L'édition du XVIe siècle retranche *vous* et ajoute *se* devant conduire.)
Ceulx qu'on doit craindre, aymer

et obéir, comme père, mère, ou ancestres, ou autres plus grans seigneurs et dames, p. 72.

Car, posé qu'il y eust cause évidente... si le devés vous porter pasciemment.... tant pour l'amour de son mary..... sans soy en mérencolier..., p. 73.

Ce mauldit péché d'envye, lequel plusieurs folles... ont sur chascun et par espécial sur les plus parfaictes, p. 84.

Ains fault.... faire à chascun selon son estat, et devez faire conscience de retenir ce qui leur est deu, p. 123.

Et s'il advient que aucun (?) de voz enfans aye(nt?) dévocion d'estre en religion... et ne leur desconseillez pas, mais aussi ne soiez si hastive de les y mectre, qu'ils n'aient eage et sens pour eulx congnoistre, p. 105.

Elles sont entretenues pour, sans plus, faire despit à quelque autre, sur qui ilz ont envye, de ce qu'ilz ont plus d'audience ou d'avancement que nulles des autres, ce qu'ilz ne peuvent veoir, et, sans ce qu'il y ayt brin d'amour, ilz mectent peine d'iceulx eslongner par leurs finesses.... et cuident ces folles estre mieulx aymées de ceulxcy que des autres, pour les termes qui leur tiennent, p. 109.

GLOSSAIRE.

A CHIEF DE PIÈCE (p. 157), à bout de forces, hors d'état de résister plus longtemps. On dit encore maintenant : il est au bout de ses pièces. Chef avait autrefois le sens de bout, qu'il a conservé dans certains termes d'industrie et de chirurgie. Le chef d'une étoffe est le bout par lequel on la commence ; les chefs d'une bande, sont les bouts, les extrémités de cette bande, cf. achever, et venir à chef, avec venir à bout.

AAGE, p. 165, *subst. masc.* — Age, voy. Eaige.

ABIT, s. m. s., pour habit.
    Abit (l') ne fait pas le moyne (p. 131.

ACCOINTANCE, *subst. fém.* (qu'on trouve écrit aussi acointance, accoinctance) action d'accompagner, de tenir compagnie, fréquentation, intimité, relations et habitudes d'intimité : se prend maintenant d'ordinaire en mauvaise part ; il n'en était pas de même au XVIe siècle. Nous voyons en effet dans notre texte que s'il est de « décepvables » accointances, p. 14 ; s'il en est même qu'il faut fuir(p. 88), il en est aussi de « toutes privées et gracieuses » (p. 36) qui créent entre les personnes un lien comparable presque à celui du sang, p. 51.

Les étymologistes les plus accrédités s'accordent généralement à tirer *accointer*, et par suite *accointance*, du latin *cognitus*, d'où le verbe *accognitare* qui devient en français le plus régulièrement du monde *accointer*. Il me semble cependant beaucoup plus logique, et plus exact, en même temps qu'aussi régulier, de chercher l'origine d'*accointer*, et par suite d'*accointance*, dans le latin *accomitari* accompagner, substantif verbal *accomitantia*, qui donnent régulièrement en français *accointer* et *accointance*, tout aussi bien que *accognitar* dont l'existence n'est pas absolument hors de doute, tandis qu'à la rigueur *concomitance*, qui est un presque doublet moderne et savant d'*accointance*, mot antique et populaire, pourrait être admis, jusqu'à preuve contraire, comme un argument à peu près décisif en faveur de *accomitari*.

Accointer, du reste, n'avait pas toujours dans le français du moyen-âge, et probablement n'avait pas eu primitivement le sens de fréquenter, hanter, voir et visiter assidûment, ainsi qu'on peut aisément le conclure des citations suivantes, que nous empruntons presque toutes au *Glossaire* de Ducange, édit. de Henschel, tom. VII, p. 6.

En France n'a bon cavalier
Ne vienne à lui par acointier.
Partonop. de Blois, v. 2309.

Li est avis qu'à mal cûr
L'avoit acointié ne veus.
Ibid., v. 3746.

Acomteiz s'est de belle Aude au vis cleir.
GÉRARD DE VIENNE, v. 1099.

Garder n'i ait serjant ne escuier
Ke voist devant le danzel acointier
Car je vodrai parler à lui premier.
AUBRY LE BOURGOING, p. 166.

Plus tost acointé que congneu.
CHARLES D'ORLÉANS, *rondel* CXCV.

p. 351 de l'édition in-12 de Champollion-Figeac. Paris, Huguet, 1848.

De toutes ces citations il ressort clairement que le sens primitif d'acointer a dû très-probablement être : se mettre dans la compagnie de... aller à la rencontre de... aborder, accoster quelqu'un. La dernière surtout paraît décisive à cet égard.

Gardez vous... de leurs décepvables acointances, p. 14. — Fuyez l'acointance d'envieux, p. 88. — Qui ne tiennent d'acointance ne de lignaige, p. 51. — S'il advenoit que... l'accointance rompist, p. 94. — On doit fuyr l'accointance de tels gens, p. 129. — Toutes privées et gracieuses accointances, p. 36.

ACCOMPAGNER (s'), *v. pr.*, se faire accompagner, prendre pour compagnie.

— (s') de femmes honnorables, p. 102.

ACQUERRE, *v. a.*, acquérir, formé régulièrement sur *acquirere*, comme *courre* sur *currere*, pag. 10, 64, 77, 117, etc. — Acquérir, p. 11.

ACROISTRE, p. 112, accroistre, p. 122, *v. a.*, accroître, de *accrescere*.

ACTENDRE, attendre, *v. a.*

J'attends, p. 1; — Nous actendons, p. 5; — (ils) Actendent, p. 3.

S'attendre, *v. réfl.*

En vous attendant du tout, p. 73,

en vous en remettant, en vous confiant sans réserve.

Ne s'attendre qu'à soi, p. 116,

ne s'en remettre, ne se confier qu'à soi, ne compter que sur soi-même.

ADMONESTER, *v. a.*, avertir d'une faute, d'un tort, 149

ADVENTURÉE, *adj.*, mise à l'aventure, p. 140.

ADVERTIR, *v. ac.*, p. 24, avertir.

Advertissans, p. 1.

AFFIN, *conj.* afin, p. 17, 31, 53, 69, 74, 76, 80, 84, 90, 92, 99, 105, 107, 113, 114, 124, etc.

AFILÉ, *adj.*, qui a le fil, qui est bien aiguisé. — Au figuré :
Avoir langaige trop afilé, p. 43,
avoir la langue trop bien pendue; se laisser aller à des excès de langage.
Gens trop affilez, p. 83;
Gens qui ont trop le fil, qui sont trop fins.

AGU, *adj.*, aigu, du latin *acutus*.
Yeulx agus, p. 43; — regards perçants.

AGGRÉABLE, *adj.*, qui agrée. — Formé sur le verbe agréer, venant lui-même du latin *gratum*, gré, *adgratum habere*, agréer, et dans le principe *aggréer*, p. 68, 78.

AINS, *conj.*, mais, du latin *ante*, p. 24, 72, 76, 80, 91, 123, etc.

AJOINCTE, *adj. verbal fémin.*, formé sur *adjuncta*, part. du verbe lat. *adjungere*, adjoindre, p. 34.

AMAINDRI, *part. pass. fém.*, du verbe amoindrir, p. 55, — cf. maindre pour moindre.

AMOUR, *subst.*, aujourd'hui *masc.* autrefois plutôt *fémin.* comme en général la plupart des subst. français tirés de mots latins en *or*.

Amour parfaicte p. 1, 35, 36, 97, 164, — grande et honneste, p. 34, — telle, p. 35, — bonne, p. 108, — la nouvelle amour, p. 163, 164.

AMYE, *fém.* de l'*adj.* ami. — M'amye (qu'on a plus tard écrit mal à propos en deux mots maladroitement séparés ma mye) est pour ma amye, le premier *a* disparaissant par élision, car on n'avait pas, avant le XIV⁰ siècle, à remplacer par un solécisme un hiatus aussi facile à éviter; on disait : m'amie, m'espée, m'âme, et non mon amie, mon épée, mon âme, p. 146, 154, 157, 159, 160, 164, 186, 187, 200.

ANTE, *subst. fem.*, tante, du latin *amita*, même sens, et dans le langage familier et enfantin la tata, la tante, le tonton, l'oncle, le *t* initial est une addition due à l'usage, mais dont les règles étymologiques ne peuvent donner la raison.

Une sienne ante noble et ancienne, p. 51. — Au regard de leurs grans antes, p. 50, 51.

AOURNÉ, é *adj. verbal.* Orné, paré, d'aourner, *adornare*, lat. même sens.

Aournée de vertus, p. 57.

APPAROIR, *v. n.*, ancienne forme du verbe apparaître (apparoistre) prise directement du latin *apparere*.

En qui toute exemple d'humilité doit apparoir et reluire, p. 121.

APPERT (il), 3⁰ *pers. sing.* du présent indicatif du verbe apparoir, du lat. *apparere*, même sens.

ARDOIR, *verb. neut.*, brûler, du latin *ardere,* même sens.
Bois qui bruit sans ardoir, p. 57. — Chose qui est au feu et ne peult ardoir, p. 131.

ASSAULX, *s. pl. m.* du substantif, assaut, autrefois assault, du lat. *assaltus*.
Assaulx, p. 130.

ASSEMBLÈRENT (ils s'), *3ᵉ pers. plur.* du parf. de l'indicatif du verbe s'assembler, dans le sens de : ils se rejoignirent, ils se rencontrèrent, p. 40.

ASSEURER, *v. a.*, assurer, rendre sûr.
Asseurer de belles parolles, p. 177;
Lui donner sécurité, confiance, par de belles paroles. Aujourd'hui on emploierait plutôt dans ce sens le mot de rassurer (du latin *ad securare* même sens).

Asseurée, *part. passé fém.* du verbe asseurer.
En manière asseurée, p. 129.

ATTRAIRE, *v. a.*, ancienne forme du verbe *attirer* prise directement sur le latin *attrahere,* même sens.
Pour vous mieulx attraire à dévocion, p. 132.

ATTREMPÉ, é, *adj.*, tempéré, modéré du latin *ad temperatus* avec métathèse de *r*.
Attrempé, p. 15; — Attrempée, p. 22.

ATTREMPÉEMENT, *adv.* formé sur le féminin de l'adjectif attrempé. Cf. courtoisement, p. 10, 28.

AU pour *du,*
Les filles au seigneur de Poitiers, p. 39;
ne s'emploie plus maintenant de cette façon que dans le langage populaire.

AUCUNEFFOIS, *adv.,* quelques fois.
Aucuneffois on parle contre soy-mesmes, p. 93.

AUDIENCE, *subst. fém.,* action d'écouter, et par extension pouvoir de se faire écouter, ainsi :
Avoir plus d'audience, p. 67, 109;
signifie : être plus ou mieux écouté, avoir plus d'influence, de crédit, être mieux en cour.
Les plus grans audiences, p. 21.

AULCUN, e, *adj.* (du lat. *aliquis unus*) avec la préposition *sans* prend le sens de *pas un.*
Sans avoir aucune reprouche, p. 126.

AULMOSNE, *s. f.,* ce qu'on donne aux pauvres par pitié, du grec ἐλεημοσύνη, en latin *eleemosina.*
Faire aulmosnes, pag. 93. — Mais de prières jeusnes et aulmosnes femmes vefves n'en peuvent trop faire, p. 116.

AVANCEMENT, *subst. masc.,* progrès, marche en avant, succès dans le monde, amélioration de position.
Quelque avancement que vous puissiez avoir, p. 53. — Par l'envye

des maulvaix sont plusieurs reboutez de leur bien et avancement, pag. 106.

AVANTURE, p. 23. Ce qui advient, aventure.
Advanture, p. 23, 115,

AVEUGLEZ, p. 118, pour aveugles, *adj. m. pl.*

BAILLER, *v. act.*, donner.
Quelques temptacions subtilles... que le monde la chair n'y le dyable vous puissent jamais bailler, p. 2.

BAPTISEZ, *part. p. pl. m.* du verbe baptiser, p. 104.

BEAUCOP, p. 18, 19, 23 26, 43, 48, 50 51, 73, 94, 109, 110, ancienne forme pour beaucoup, *adv.* — Beaucoup. p. 76, 78.

BENDE, *subs. fem.*, bande, troupe, de l'allemand *band* même sens.
Et plusieurs de sa bende, p. 49. — Voy. aussi p. 178, 179, 180, 182.

BEGNIN, *adj. m.*, pour benin, du latin *benignus*, 119.

BESONGNER, *v. n.*, faire de la besogne, travailler, p. 116.

BESONGNES, *s. f. pl.*, s'employait au XVIe siècle dans le sens que nous donnons aujourd'hui au mot affaires.
Et du gouvernement de leurs terres et besongnes, p. 116.

BESTERIES, *subst. f. pl.*, bêtises, niaiseries, sottises. De *beste* qui vient lui-même du latin *bestia*, même sens.

Ces folles... par leurs besteries, p. 12. — Qui est grant besterie, p. 118.

BLANDIST, *3° pers. sing.* du présent de l'indicatif de blandir, flatter (latin *blandiri*), p. 13.

BLANDISSENT, *3° pers. s.* du pr. de l'ind. de blandir, p. 19.

BLANDISSEMENS, *subst. m. pl.*, flatteries, formé sur le v. blandir, p. 33.

BOUTER, *verb. act.*, mettre, pousser, de l'espagnol *botar*, toucher, frapper.

Garder vous... d'aucun pincer ne bouter, p. 45. — Si elle s'aplicque et boute en cest erreur d'orgueil, p. 54. — Si envye s'i boute une fois, p. 88.

BOUTERIE, *subst. fém.*, action de bouter, p. 93.

BRIEF, BRIÈFVE, *adj.* bref, brève, de peu de durée, du lat. *brevis* cf grief, griefve du lat. *gravis*, p. 1, 6, 128, etc.

La très-briefve mort, p. 1.

BRIN, *subst. m. s.*, petit morceau séparé d'un tout, parcelle, et par analogie petit fragment, petite quantité d'un objet quelconque.

Sans ce qu'il y aye brin d'amour, p. 109.

Brin vient de briser et veut dire originairement brisure; brin n'est à proprement parler que le cas oblique de bris, cf. les doubles formes, *tis* et *ten* (tien); *cosis* et *cosin* (cousin); *Garis* et *Garin* (nom propre).

BRUIT, *subs. masc. sing.*, prend le plus souvent dans notre auteur le sens de réputation, cf. le latin *bene audire* entendre (dire) du bien de soi.

Avoir ce bruit, p. 12, — avoir cette réputation. — Avoir bon bruit, p. 44. — Il semble bon bruit, p. 110. — Bruit bon et honneste, p. 12. — Pour le bruit et renommée d'elles, p. 39. — Demander le plus grant bruit, p. 20, 21. — Acquérir haut et honnorable bruyt, p. 84.

BRUIT (qui), *3ᵘ pers. sing.* du présent indicatif de bruire.

Bois qui bruit sans ardoir, p. 57.

CASTE, *adj.*, chaste, du latin *castus* même sens, p. 44.

CÉLÉEMENT, *adv.*, en cachette, p. 145, du part. passé fem. *celée* et du suffixe *ment*.

Cf. Attrempéement, p. 10, 28, — Modéréement, p. 68. — Privéement, p. 93, 102.

CHARGÉ, é, *adj. verbal* venant du verbe charger (*caricare, caricatus*).

Chargez de leur honneur, p. 87.

CHAULT (il), *3ᵉ pers.* du présent de l'indicatif du verbe chaloir, tiré du latin *calere*, être chaud, et de là être agréable, désiré, important, cf. dans un sens analogue : cela n'y fait ni chaud ni froid.

Ne leur chault de quoy ne contre qui, p. 19. — Ne leur chault où, p. 32. — A qui il ne chault, p. 103. — A qui ne chault d'avoir esté, p. 108. — A d'aucunes ne chault de leur honneur, p. 115. — A qui ne chault d'acquérir, p. 117.

CHAULT, *adj.*, chaud, du latin *calidus* même sens.

Et de fiébvre se meûtent en chault mal, p. 109. (Proverbe encore usité.)

CHÉANS, *pluriel* de

CHÉANT, *part. présent* du verbe *cheoir* au sens de tomber, du latin *cadere*, même sens.

Habillemens.... fort chéans, p. 27.

CHÈRE, *subst. fem.* (de *cara*, bas-latin, face, du grec κάρα, tête.) Visage, figure, et par extension, accueil bon au mauvais.

A aussi grant chère, p. 66. D'aussi bon air, avec le même air de satisfaction. — Basse et rude, p. 112. — En la meilleure chère qu'il peust, p. 153.

CLER, *adject.* pris comme *adverbe*.

Clers semez, p. 101.

(L'édition du XVIᵉ siècle porte : clair.)

CONDITION, *subst. fém.* Nature, état, essence, qualités inhérentes à l'individu, du latin *conditio*.

Tant sont de bestialles et maudiêtes condicions, p. 19. — A cause de leurs féminines et doulces condicions p. 29. — Quand vostre naturelle condition seroit de..., p. 72. — C'est-à-dire : quand vous seriez portée par nature à... De honnestes condicions, p. 103. — Les femmes... qui, de leur condicion, p. 122. — Et quand ilz seroient d'estranges et merveilleuses condicions, p. 79. — Et est la condicion et nature d'ung envieulx telle, p. 86.

CONDICIONEZ, *part. pass.* du verbe conditionner pris au sens de façonner.

Mal condicionez, p. 104.

CONGNEUE, *fem.* du *part. pas.* du verbe congnoistre du lat. *cognoscere*, formé sur le lat. *cognita* comme perdue sur *perdita*.

CONTROUVER, *v. a.*, inventer une fausseté, imaginer un mensonge.

Ne controuvez pas les occasions pour ce faire, p. 101. — Ils controuvent merveilles contre le bien et l'honneur de ceulx sur qui [ils] sont envieulx, p. 87.

COP, *subst. masc.*, coup, du latin *colaphus*.

A ce cop, p. 172. — Pour tous à ung cop saillir, p. 182. — Le bourreau d'un seul cop luy trancha la teste, p. 191.

COQUARD, e, *adj.* employé substantivement dans un sens tout à fait analogue à celui qu'on a donné depuis soixante ans aux mots *lion, lionne, dandy, fashionable, cocodès, cocodette, gommeux, gommeuse,* qui réveillent d'ordinaire l'idée de quelque exagération dans la mise ou dans les manières, susceptible de provoquer la raillerie, la moquerie, ou tout au moins la désapprobation.

Plusieurs folles coquardes, p. 43, 44.

COQUARDISES, *subst. fém. pl.* — Actes de coquard, ou dignes d'un coquard, p. 51.

CORROMPABLE, *adj. verbal* formé sur le part. prés. *corrompant,* comme prenable sur prenant, rendable sur rendant, ravissable sur ravissant, etc., tandis que le français actuel emploie *corruptible,* calqué plus récemment sur le latin *corruptibilis.*

Vostre povre et corrompable création, p. 5.

C'est-à-dire : votre état de povre et corrompable créature.

COURAIGE, *subst. masc. sing.* du bas-latin *coragia,* entrailles, ce qui est avec le cœur, ce qui en vient ou s'y rapporte, d'où par analogie : faculté de prendre des résolutions hardies ou non, hardiesse, valeur, lâcheté, cœur, âme, sentimens.

L'amour... me donne couraige et vouloir, p. 1. — Nobles de lignaige non de couraige, p. 95, 103. — Ne soiez point si muable ny volage de couraige, p. 101. — Il n'y a si noble qui n'y ait le couraige corrompu, p. 111. — Oncques femme noble n'eust ce couraige et si elle l'a, elle n'est pas noble, p. 112. — Les nobles couraiges en qui toute exemple d'humilité doit apparoir et reluire, p. 121. — Sours d'entendemens, de faicts et de couraiges, p. 7. — Car les couraiges d'aucunes... s'enclinent... si fort à telz choses, p. 9. —

Avoir les couraiges tant grans et si haultement eslevez, p. 10. — Son lasche et failly couraige, p. 33. — Léaulx et bons couraiges, couraiges fermes francs et loyaulx, p. 34.— Ne se doibt noble couraige muer, p. 57. — Si vous avez couraige de gentil femme, p. 57. — Qui leur meult d'ung mauvaix et dampné couraige, p. 62. — Plusieurs folles par leurs mauvaix couraiges, p. 84. — Il a lasche couraige, p. 100. — Qu'ils eussent le couraige si bas ravallé, p. 129. — Gaieté de couraige, p. 132.

COURT, *subs. fem. sing*.
Mise à la court, p. 14,
résidence du souverain ;
Au regard de la court, p. 20,
entourage du souverain, les courtisans.

CRÉANT, *adject. verbal*, croyant, formé sur le latin *credens* même sens.

CUEUR, *subs. masc.* Cœur, du latin *cor*, même sens.
— p. 4, 8, 25, 74, 76, 85, 89, 96, 105, 125, 119, 122, 124, 126, 128. De bon —, p. 74. Cueurs, p. 7, cœurs.

CUIDE (il), *3ᵉ pers. sing*. du présent de l'indicatif du verbe *cuider*, p. 111, 125, 131.

CUIDENT, *3ᵉ pers. pl*. du prés. de l'indic. du verbe *cuider*, p. 6, 7, 12, 33, 44, 58, 94, 95, 108, 109 124.

CUIDER, *v. act.*, formé sur le latin *cogitare*, penser, même sens.

CUYDEZ, *2ᵉ p. pl*. du prés. de l'ind. du verbe *cuider*.

CURIOSITÉ, *subs. f.*, du lat. *curiositas*, même sens.
Sans trop grans curiositez, p. 9.
Sans trop de raffinement, sans recherche excessive, exagérée.

CUYDEREAULX, *subst.*, formé sur *cuider*, comme *passereau* sur passer, *grimpereau* sur grimper, etc., présomptueux, trop hardis dans leurs pensées.
Serviteurs trompeurs ne cuydereaulx, p. 116.

DAMPNABLE, *adj.* — Dampnable, p. 117. Voyez :

DAMPNÉ, *adj. verbal* de dampner, du latin *damnare* avec épenthèse du *p* comme dans dompter, indomptable de *domitare*.
Dampné couraige (d'un mauvaix et), p. 62.

DÉCEPVABLE, *adj.* formé sur décevoir, du lat. *decipere*, comme recevable sur recevoir. — Susceptible de décevoir, trompeur, p. 63.

DÉCEUE, *part. pass. fem.*, pour déçue, p. 127.

DEMOURISSIEZ, 2e *pers. pl.* de l'imparf. du subj. du verbe demeurer.
Que vous demourissiez, p. 114.

DEMOURISSIONS, 1re *pers. plur.* de *id.*, p. 173.

DESCONSEILLER, donner le conseil contraire.
Et ne leur desconseillez pas, p. 105,
et ne les détournez pas de leur résolution.

DESCEUVRE, *3ᵉ pers. singul.* }
DESCEUVRENT, *3ᵉ pers. plur.* } du prés. de l'indicat.
du verbe *descouvrir*. Probablement on conservait au *c* devant la diphthongue *eu* le même son dur que devant la diphthongue *ou*,

cf. Trouvent, p. 47, 85.

Remarquons toutefois qu'on écrivait aussi descouvre par *o u*, car l'édition princeps de notre auteur porte pour les citations des pages

80 Descouvre, 85 Trouvent, etc.,

et nous imprimons d'après le manuscrit original :

Descouvrez, p. 94 et 95, Descouvrerez, p. 96, Descouvront, p. 97,

comme l'éditeur du XVIᵉ siècle.

DÉSISTEZ (être), *passif* du verb. désister, séparer, formé sur le latin *desistere*, même sens, en opposition avec assister formé sur le latin *assistere*.

Que [nous] soions désistez et desgarniz de nostre seul et très-aymé fils, p. 183.

DESSERTE, *subst. f. s.*, formé sur le participe passé de l'ancien verbe desservir, mériter par ses services, cf. perte, du verb. perdre, p. 3.

DÉSOLÉE, *adj. fém.* restée seule.

Sa povre âme désolée, p. 3.

DESPIT, e, *adjectif*, dépité.

Ne serez pas si despite, p. 128.

41

DESPITEUX, *adj.*, même sens, p. 195.

DIE, *3ᵉ pers. sing.* du subjonctif présent du verbe dire.

<small>Quelque chose qu'il die (dise), p. 169.</small>

DIENT (ils), *3ᵉ pers. plur.* du présent de l'indicatif disent.

<small>Dient les sages, p. 13, 20, 45. — Dient les docteurs, p. 32. — Et en dient plus qu'il n'en y a, p. 111.</small>

DONRREZ, *2ᵉ pers. plur.* du futur simple du verbe donner, p. 119.

DONT, conj. pour donc, du lat. *tunc*, p. 2, 35, etc.

DONT, *adv.* d'où, du latin *de unde*.

<small>Recongnoissez.... dont vous venez, p. 5.</small>

DUEIL, *subst. masc.*, deuil, p. 104, 115.

DOUBTE, *subst. m.*, doute, employé autrefois dans le sens de crainte, frayeur.

<small>Pour doubte qui ne tiennent aucunes imperfections de ceulx qui les auront tenus, p. 104. Dans la crainte qu'ils... — En cestuy cas, il n'y a point de fiance, et vous conseille plus le doubte que la seureté, p. 131.</small>

DOUBTER, *v. a.*, craindre ; le français actuel n'a conservé que les composés redouter et redoutable, du lat. *dubitare*.

<small>Combien ilz le doivent doubter, p. 4.</small>

EAGE, *subst. masc.*, du latin *ætatem*, âge, p. 105, 106, 107, 108, 109, 110, 124.
Eaige, p. 110.

EMBESOGNER (s'), *v. pron.*, voy. besogner, même sens.
Il n'apartient à femme jeune de soy mesler ne embesongner de plusieurs choses, p. 20.

ENGIN, *subst. masc.*, esprit, du lat. *ingenium*, même sens.
Mon povre rude et débile engin, p. 1.— Ceulx qui n'ont engin habille ne vertueux, p. 36.

ENQUERRE, *v. act.* enquérir, du latin *inquirere*.

ENSUYVIR, *v. a.*, poursuivre, continuer, doublet de ensuivre.
Pour ensuyvir nostre propos, p. 4, 116, 124.

ES, signifiant *dans les,* locatif de l'article pluriel, formé par contraction de *en les,* comme *des* de *de les,* et *aux* de *à les,* qu'on a écrit dans le vieux français successivement *als* et *aus.*
Es plus hault lieux, p. 50. — Es choses esquelles on puist courroucer Dieu, p. 116. — Es biens de fortune, p. 120. — Sçavoir... se monstre plus es nobles que es autres, p. 123. — Es ondes de la mer, ès fanges de ce monde, p. 130.

ESCLANDE, *subst. masc. sing.*, esclandre, du latin *scandalum*, même sens, a pour doublet scandale.

Esclande autre que bon, p. 65. — De telz gens vient la renommée et aussi l'esclande, p. 70.

ESPARS, *adj. m. plur.*, du lat. *sparsus*, répandre, et par extension qui se répand.

Les yeulx espars, p. 43,

sont des yeux indiscrets dont le regard ne laisse rien échapper, et furète de tous côtés à la fois.

ESPÉCIAL, *adj.*, formé sur le latin *specialis* comme échelle de *scala*. On dit dans le français actuel *spécial*.

En espécial, p. 116, cf. Estable, p. 120.

ESTABLE, *adj.*, stable, du lat. *stabilis*, même sens.

Es biens de fortune n'y a rien ferme ny estable, p. 120.

EUR, *subst. masc.*, chance bonne ou mauvaise, du latin *augurium*.

Bon eur, p. 39,

bonne chance.

EXEMPLE, *subst. sing.*, auj. *masc.* autrefois *fém.*, du lat. *exemplum* ou peut-être plutôt *exempla,* ce qui expliquerait mieux le féminin.

Toute exemple, p. 121.

EXILLER, *v. a.*, gâter, abîmer, détériorer, ruiner, détruire, anéantir ;

Il pert et exille son bien et son honneur, p. 79.

d'exil en latin *exilium*, cf. exterminer du latin

exterminare, exiler, bannir au-delà des frontières; qui a pris aussi en français le sens de détruire, faire périr entièrement, anéantir. Villehardouin n° 20 :

Ne remest nulle riens à essilier fors la cité de Versoi.

cf. *Exilis — e*, du latin classique.

Façon, Fasson, *subs. masc. sing.*, manière de faire, ou d'avoir été fait, d'où par suite manière d'être ou d'agir. On a bonne ou mauvaise façon. Ce mot dans notre texte est toujours pris en bonne part :

Gens de façon, p. 101. — Femmes de façon, p. 67, 81, 85, 128. — Femmes de grant façon, p. 10, 29, 30, 32. — Femmes de grant fasson, p. 12, 23. — Homme ou femme de fasson, p. 25. — Hommes de façon, p. 30.

On dit aujourd'hui dans le même sens mais avec l'article : hommes et femmes du monde, gens du monde, gens du grand monde. Après avoir passé dans la langue anglaise, ce mot nous est revenu sous la forme anglicisée fashion, d'où fashionable avec le sens de mode, bon genre, etc.

Faillir, *v. n.*, manquer, faire défaut, du lat. *fallere*.

Faillent (ils) au besoing, p. 120.

Ils font faute au besoin, ils manquent lorsqu'on en a besoin.

Faintif, *adj.*, fictif, mensonger, formé sur le subst.

verbal fainte, qu'on écrit aujourd'hui feinte, féminin du participe passé de feindre (lat. *fingere*).

<small>Semblans faintifz et contrefaitz, p. 111.</small>

FAIRE, *v. a.*, du lat. *facere* même sens.

<small>Faire de peu de chose grans parlemens, p. 2,</small>

parler beaucoup pour dire peu de chose.

<small>Il s'en fait bon garder, p. 107,</small>

c'est-à-dire : il fait bon, on fait bien de s'en garder.

FEIST, p. 127., *3ᵉ pers. sing.* de l'imparf. du subj. du verbe faire. On dit actuellement « fît ».

FIEBVRE, *s. f. s.*, fièvre, du lat. *febrem*, p. 109, 121.

FOIBLE, *adj.*, on écrit aujourd'hui faible.

<small>Souffreteux, foible et subgect, p. 6. — Féminine et foible créature, p. 48.</small>

On s'accorde généralement (voir les dictionnaires de Diez et Littré) à faire venir ce mot du lat. *flebilis* adj. dérivé du verbe *flere*, pleurer. Il me semble à tous les points de vue préférable de voir dans faible la forme primitive et populaire tirée du latin *fallibilis*, et dont faillible n'est que le doublet moderne.

FORTUNE, *subst. fém.*, chance bonne ou mauvaise,

<small>La plus grant fortune meschance et pitié qu'il soit au monde, p. 15;</small>

la plus grande infortune.

FRONCE, *s. f. m.*, pli de la peau du front, ride.

<small>Musser les fronces du visaige, p. 108.</small>

FUMER (se), *verb. pron.*, s'échauffer, s'enflammer, se fâcher : on dit encore aujourd'hui s'échauffer, s'enflammer, pour se mettre en colère ; cf. Ardent, bouillant de colère ; un liquide ne fume que lorsqu'il est bien chaud : de là la métaphore.
Qui pour ung rien se fument et courroucent, p. 101.

GAIETÉ, *subst. sing.*, joie expansive et qui se laisse franchement voir au dehors, vivacité.
Gaieté de couraige, p. 132.
Gaîté d'âme, de cœur.

GARDE, *s. f. s.*, précaution, guet, attention à ne pas se laisser surprendre.
Vivez... tousjours sur vostre garde, p. 8.
On dirait aujourd'hui *sur vos gardes*.

GARDER (se), *verb. pron.*, prendre garde, éviter.
Vous gardez d'y estre oyseuse, p. 8.
Faites en sorte ne ny estre point oiseuse.

GENT, GENTE, *adj.*, gentil, de bonne façon, p. 25.
Gentes, p. 27,
du latin *genitus*, né de bonne maison, selon Diez.
On dit au même sens : homme bien né.

GOUVERNEMENT, *subst. masc. s.*, façon de se gouverner, de se conduire.
Gens de maulvaix gouvernement, p. 105,
qui se conduisent mal ;

Meschant gouvernement, p. 45, 108,
même sens.

GUERDON, *subs. masc.*, don en échange de service, récompense, prix, salaire, *wider*, all. en échange, et *donum* lat. don, *wider donum* dans le bas-latin du IXᵉ siècle.

[Qu'il] reçoive le guerdon de la desserte de sa vie, p. 3 ;
le prix mérité par les services de sa vie.

Et seroit tout le guerdon que vous en auriez, p. 66;
et serait tout le prix....

HISTOIRE, *s. f.*, livre historié, livre à figures, à miniatures.

Ne vy, ne n'ouy oncques parler, en histoire ne en livre, p. 15.
Ne vit jamais en image ni ne lut dans aucun texte.

INNUMÉRABLE, *adj.*, innombrable, du latin *innumerabilis*, même sens.

Innumérables, *pl. masc.*, p. 1.

LAS, *subst. m. pl.*, du lat. *laqueus*, lacet, lien, nœud coulant, piége.

Las de jalousie (vous bouter us) p. 73.

LÉAL, LÉALE, *adj.*, loyal, du lat. *legalis*, même sens;
plur. léaulx et loyaulx, p. 34.

De vostre léal pouvoir, p. 2.

LÉANS, *adv.*, là dedans, du latin *illic intus*, là ens, même sens.

Ceulx de léans, p. 147,
ceux de là-dedans;

Et quant ils furent léans entrez,
et quand ils furent entrés là dedans.

LOUENGE, *s. f.*, on écrit aujourd'hui louange. Notre auteur a écrit partout :

Louenge, v. p. 123, 126, 129,
du bas-latin *laudemia*.

LOYER, *s. m. s.*, récompense, salaire.

Le grant loyer que nous actendons d'icelle, p. 5.

MAINENT, 3ᵉ *pers. plur.* du prés. de l'ind. du verbe mener, p. 120.

MAIS, *adv.* du lat. *magis*, pourvu que.

Aucuns, à qui il ne chault qui baptise... leurs enfans, mais qu'ilz le soient, p. 103.
Pourvu qu'ils le soient.

MAINDRE, *adj.*, formé sur le latin *minor*, moindre, cf. amaindrie.

C'est la plus préjudiciable grâce et maindre, p. 121.

MARCHAND — e, *adj.*, qui a toutes les qualités requises pour la vente, bon à vendre.

Mais si en place marchande il le fait, p. 172.

C'est-à-dire : en bonne place, qu'il ne nous faille pas acheter trop cher ; que nous puissions le délivrer sans faire un trop grand sacrifice.

MARCHEMENT, *substant. mascul. sing.*, action de marcher.

<small>Ne marchement de pieds, p. 45.</small>

MARELLEZ, *subst. fém. plur.* (prononcez marelles), disques semblables à nos dames, qui servaient à jouer sur le marellier, table carrée sur laquelle des lignes partant des angles et du milieu de chaque côté indiquaient la place que devaient occuper et la route que pouvaient suivre les marelles. (L. de Laborde, *Les émaux du Louvre*, t. II, p. 381.) Les armes de Navarre représentent une marelle pareille à celles sur lesquelles jouent encore aujourd'hui les enfants. C'est tout simplement un carré dans lequel sont inscrites l'une sur l'autre une croix grecque et une croix de Saint-André n'ayant qu'un seul point d'intersection pour elles deux, de manière à diviser le carré primitif en huit triangles égaux.

On a compliqué ce jeu en renfermant le carré primitif dans deux autres carrés absolument pareils s'encadrant successivement, de sorte que le premier se trouve encadré par le second qui l'est lui-même par le troisième.

MÉLANCOLIEUX, — SE, *adj.*, triste, chagrin, d'humeur noire.

<small>Mélencolieuses (desplaisans ou', p. 60).</small>

MÉRENCOLIE, p. 68, 93, *subs. f. s. pl.*, pour mélancolie. Tristesse, chagrin, humeur noire, du latin *melancholia*. Remarquer le changement de *l* en *r*.

MÉRENCOLIER (se), *v. réfl.*, avoir l'humeur noire, s'attrister.

<small>Mérencoliez (ne vous en), p. 72. — Mérencolier (sans soy en), p. 73.</small>

MESCHANCE, *subst. fém. s.*, malechance, mauvaise chance, malheur; de mescheoir, *minus cadere* tomber moins, c'est-à-dire moins bien qu'il ne faut, d'où mal tomber. Cf. mécompte pour mescompte; mécréant pour mescréant; méfiance pour mesfiance; mépris pour mespris, etc.; et mésaise, mésalliance, mésestime, etc.

<small>La plus grant fortune meschance et pitié qu'il soit au monde, p. 15.</small>

MESCHANT, e, *adj. verbal*, formé sur le participe présent de mescheoir : qui n'a pas assez de chance, qui a mal réussi, qui ne vaut rien; mauvais, malfaisant.

Nostre... meschante vie présente, p. 1. — Ce meschant corps, p. 3. — Meschant gouvernement, p. 45. — Ceste deshonneste et meschante sorte, p. 13. — Si meschante tache, p. 89.

MESCONGNOISSANCE, *subst. fém. s.*, action de ou aptitude à méconnaître, c'est-à-dire à ne pas reconnaître.

La montaigne de mescongnoissance, p. 120.

MIGNOTISE, *subst. fém.*, afféterie, manières affectées, recherchées, et qui sont loin du naturel.

Sans nulles mignotizes ne préciositez, p. 66. — Trop grans mignotises, *ibid.* — Sans grant mignotise ne curiosité, p. 92.

MOÏEN (le), *adj. masc. s.*, pris substantivement. On préfère aujourd'hui dans ce sens l'expression de juste milieu.

Tenez tousjours le moïen, p. 114. — Suivez tous jours le moyen, p. 119.

On trouve aussi :

Prenez le moïen estat, p. 113.

MORIGINÉ, É, *part. pas.* du verbe a. moriginer, élever comme il faut, former aux bonnes mœurs, aux bonnes manières.

Doulce manière bien moriginée, p. 29. — Femme de grand façon.... bien moriginée, p. 30. — Enfant bien instruit et moriginé, p. 191.

MOULT, *adv.*, beaucoup, du latin *multum*, même sens. S'emploie aussi au lieu de *très* pour marquer le superlatif.

Moult deshonneste, p. 115.

Muable, *adject.*, sujet au changement, qui aime à changer, qui change facilement, inconstant, léger, volage, mobile.

Damoiselle non muable, et qui ait bon sens, p. 14. — La muable condicion du monde, p. 98. — Muable ny volage de couraige, p. 101.

Muableté, *subs. f. s.*, qualité de ce qui est muable, légèreté, étourderie.

Soubdaine muableté, p. 33.

Muer (se), *verb. réfl.*, se changer, varier, se démentir.

Ne se doit noble couraige muer, p. 57. — Sans vous muer de vostre bon propoz, p. 129.

Musard, e, *adj.* pris substantivement, qui a l'habitude de muser, c'est-à-dire de perdre son temps à des riens; flâneur, flandrin.

Ces folles musardes, p. 12.

Musser, *v. a.*, cacher, étymologie inconnue.

Il n'est habillement.... qui luy puisse musser les fronces du visaige, p. 108.

Qui lui puisse cacher (faire disparaître) les rides du visage.

Ne, particule négative, employée au lieu de *ni*.

Vous gardez de faire, dire, ne penser, p. 2. — Ne vous... fiez... ne en sens force ne entendement nul, p. 7. — En histoire ne en livre, p. 15. — Sans soy desvoier, ne faire moquer, p. 28. — Virer la teste çà ne là,... les yeulx agus, légiers ne espars, p. 43.

NICE, *adj.*, ignorant, qui ne sait rien, mal appris, et par analogie, sot, niais, imbécile, du latin *nescius*.

Nyces, p. 112.

NULLY, cas régime de nul, formé comme autruy sur autre.

Mot qui à nully puisse estre... préjudiciable, p. 20.

ONCQUES, *adv.*, jamais, du latin *unquam*, p. 15, 23, 37, 43, 112, 130.

OULTRE, *adv.*, du latin *ultra*, outre, p. 106. — De plus, outre celà, en allant plus loin.

OULTRECUIDANCE, *s. fém.*, excès de confiance en soi-même, cf. croire trop en soi,

Gardez vous bien de trop vous enorguillir... par oultrecuidance, p. 46. — C'est oultrecuidance à la fille, p. 118. — Fuyez ces folles oultrecuidances, p. 121, 122.— De leur oultrecuidance, elles cuident estre les plus saiges, p. 124.

OULTRECUIDÉES, *part. pas.* du verbe oultrecuider, de *ultra* outre, et *cogitare* cuider, penser. Etre outrecuidant, faire preuve ou être plein d'outrecuidance.

Ces oultrecuidées mères, p. 107. — Ne soiez pas de ces folles oultrecuidées, p. 124.

OUYR, *v. a.*, entendre, du latin *audire*, même sens, p. 112.

OYR, p. 130, pour ouir.

PARFIN, *subst. f.*, augmentatif de fin.

A la parfin, p. 13,
> correspond à la locution vulgaire « à la fin finale ». Cf. fait et parfait; achever et parachever; fournir et parfournir.

PETIT, e, *adj.*, de peu d'importance, de peu de valeur; opposé à grand, gros, etc.

Vostre petite jeunesse, p. 1.
> On dirait aujourd'hui dans le même sens votre grande jeunesse.

Aucuns petis enseignemens, p. 1.

PLAIN; e, *adj.*, rempli, qui a tout ce qu'il peut contenir, complet, du latin *plenus*, même sens, devrait être écrit plein.

De tout vostre léal et plain pouvoir, p. 2. — Plain de venimeuse subtilité, p. 35.

PLAINS, *subst. masc. pl.*, plaintes, du latin *planctus*, même sens.

[Il] recommença ses doloreux plains, p. 155.

PLAISANT, *adj.*, agréable, qui plaît.

Plaisant trésor, p. 30. — Plaisante (soiez à tous), p. 31. — Plaisant à Dieu (une œuvre bien), p. 60. — Quelque chose... que vous pensez que leur soit plaisant, p. 61. — Plaisans mots, p. 68.

PORTOIT.
Comme son enge le portoit, p. 177.

On dirait aujourd'hui « le comportait ».

POSÉ QUE, supposé que, p. 102.

POUR CE, *loc. adverb.,* c'est pourquoi, p. 115, 121, *et passim.*

POUR TANT, *loc. adv.,* pour tout cela, c'est pourquoi, p. 7, 11, 14, 16, 19, 23, 26, 30, 38, 53, 63, 82, 87, 90, 98, 106, 110, 117, 119, 128, 132.

POVRE, *adj.,* pauvre, qui manque du nécessaire, par suite insuffisant, incapable, du latin *pauper,* même sens. — Cf. Meschance.
Nostre povre fragilité, p. 1.— Mon povre rude et débile engin *(ibid).*

PRÉCIOSITEZ, *subst. fém. plur.,* afféterie, recherche déplacée, affectation, exagérations maniérées.
Sans nulles mignotizes ne préciositez, p. 66.

PRIVÉEMENT, *adv.,* en particulier.
Sans trop grande familiarité, ne trop privéement parler, p. 93. — Privéement festoïer, p. 102.

PROCHASSENT, *3ᵉ pers. plur.* du présent de l'indic. du verbe *prochasser,* chasser avec animation, sans rien négliger. On dit aujourd'hui pourchasser.
Telles alliances... se prochassent par femmes envyeuses, p. 108. — Les hommes qui le prochassent, p. 110.

— 333 —

PURITÉ, *subst. fem. sing.*, pureté, du latin *puritas*, même sens.

En toute purité, p. 126. — Vivre en purité de conscience, p. 131.

QUESTE, *subst. fémin. singul.*, action de chercher, quêter, formé sur *quæsita* participe passé du latin *quærere*, chercher. Cf. perte et *perdita*, suite et *secuta*, etc.

Viendront à bout de leur queste, p. 128.

QUI, employé abusivement pour *qu'il* et *qu'ils*.

Le cœur lui serra si très-fort, *qui* ne poult dire ung seul mot, p. 194. — Renommée *qui* vous donneront, p. 101. — Pour doubte *qui* ne tiennent aucunes imperfections, p. 104.

RAMENTEVOIR, *v. ac.*, remettre dans l'esprit, rappeler au souvenir *(re ad mentem habere)*.

En eulx ramentevant, p. 17. — En les faisant souvenir que... ramentevoir, p. 58.

RAPPORTERESSE, *susbt. fém.* de rapporteur. On dit aujourd'hui rapporteuse; qui fait des rapports.

Ne soiez jamais... rapporteresse, p. 45.

REBOUTEZ, *part. pas.*, du verbe rebouter, pousser en arrière, faire reculer, mettre dehors, chasser, etc. — Cf. refouler.

Reboutez de leur bien et avancement, p. 106.

Dépossédés de leur bien et de leurs avantages.

RECULLER, v. a., aujourd'hui employé de préférence au neutre. Porter en arrière, retarder, éloigner.

Recullent le bien de leurs filles, p. 115.

REGRACIER, v. a., rendre grâces, remercier, p. 74, 76.

RETRAIRE, v. act., retirer, du latin *retrahere*, même sens.

Pour le retraire, et acquérir son amour, p. 77.

Pour le ramener à vous.

RIEN, *subst. fém.* chose, du lat. *rem*, même sens.

Rien (sur toute), p. 63. — En rien qui soit, p. 6. — en chose qui... — Rien (ung), p. 63. — Rien (de), p. 115. — En riens qui soit, p 7. — Riens, p. 11, 33.

RIOTEUX, *adj.*, qui a le goût, l'habitude des riotes, qui est souvent en riote.

Gens rioteux, p. 83.

De riote, mot de l'ancien français signifiant querelle, batterie, tapage, qui s'est conservé en anglais, avec le sens d'excès, violences, débauche.

RUDE, *adj.*, brut, qui n'est pas dégrossi, et par suite ignorant, inhabile, grossier, choquant, du latin *rudis,* même sens.

Mon povre rude et debile engin, p. 1,

Mon pauvre inhabile et débile esprit.

En chère basse et rude, p. 112,

De façon peu distinguée et choquante.

SAOULLER, p. 89, n'est probablement qu'un *lapsus* de copiste pour SOULLER, *v. a.*, pris ici comme pronominal dans le sens de se souiller, du latin *suculare*.

<small>Et ne se doit ung noble cueur snouller de si meschante tasche, p. 89.— La chose,.. qui est ès fanges de ce monde, et ne se soulle, p. 103.</small>

SAUF, SAUVE, *adj.* employé quelquefois adverbialement comme l'ablatif absolu en latin.

<small>Sauf son honneur et sa conscience, p. 33. — Saulve sa révérence, p. 169.</small>

SÇAVANCE, *subst. fém. sing.*, savoir, science, mot formé sur *sapientia* comme savant sur *sapiens*; la maladroite insertion d'un *c*, qui n'est pas à sa place, n'est due qu'au souvenir intempestif de *scientia* et de ses dérivés.

<small>Ce serait fierté et non sçavance, p. 66.</small>

SECOURIRA, *3° pers, s.* du futur simple de secourir. On dit aujourd'hui par élision de l'*i*: *secourra*.

<small>Elle vous secourira, p. 128.</small>

SEELLÉ, SCELLÉ, *part. pas. s. m.* du verbe sceller.

<small>Son seellé, p. 143, 150, 151, 168, etc. — Scellé, p. 149. — Aller contre son seellé, p. 143,</small>

c'est aller contre sa signature, contre son signé, c'est-à-dire contre la convention qu'on a signée.

SEMBLANS, *part. prés. m. pl.* pris substantivement, dans le sens du mot apparences.

Ce sont tous semblans faintifs et controfaitz, p. 111.

Tout cela n'est qu'apparence feinte, et déguisement.

SERVIR, *v. a.,* être au service, être attaché à la personne ou à la maison d'un grand seigneur.

Simples demoyselles qui servent, p. 113.

SI, *adv.,* pourtant, toutefois.

Si ne peult noblesse estre deffaicte ne effacée, p. 59. — Si peult, p. 68. — Si vous conviendroit-il, p. 72. — Si devez..., p. 73. — Si ne s'i doit on, p. 83. — Si doit on, p. 102. — Si n'est il, p. 130. — Si doit fere, p. 97.

SONGNEUSEMENT, *adv.,* pour soigneusement,

Pensez songneusement, p. 132.

vient du *subs. masc.* soin, cf. *bisogna,* besongne, essoine.

SUBDAIN, e, *adj.,* voy. soubdaine.

SOUBDAIN, e, *adj.,* soudain, du lat. *subitaneus,* même sens.

La briefve subdaine et hastive mort, p. 1. — Son lasche et failly couraige et soubdaine muableté, p. 33.

TASTERIE, *s. f.,* action de tâter.

Sans tasteries, p. 93.

Cf. le latin *tactus* signifiant l'action de toucher, le tact.

TEMPESTER, *v. n.* employé comme verbe pronominal. Faire du bruit comme une tempête.
Ces folles... qui se tempestent et crient, p. 115.

TESTE (faire de vostre), p. 78, on dit aujourd'hui « faire à sa tête ».

TOUCHER, *v. n.*, être contigu à, être près de, avoir des points de contact, être en contact.
S'il ne touchoit à trop grant préjudice de le celer, p. 23, 24.
Si l'on ne courait risque en le célant de subir (ou de causer) un trop grand préjudice.

TOUT, pris adverbialement au sens de entièrement, tout à fait.
Il est comme tout notoire, p. 7.

TOUS JOURS, *loc. adv.*, p. 8, 10, 17, 21, 29, 31, 53, 55, 64, 65, 72, 74, 79, 81, 83, 84, 92, 99, 102, 107, 114, 119, 124.

TOUT, e, *adject.* employé dans le sens de *rien que*.
Fors toutes déceptions vanitez et temptacions, p. 6.

TROTTER, *v. n.*, aller au trot, marcher vite et beaucoup. S'emploie aussi dans le sens de courir pris en mauvaise part.
Et n'en laissent de rien à trotter, p. 115.

VEFVE, *subst. masc. sing.*, veuve, p. 114.
Vefves, p. 116.

VOIRE, *adverb.*, vraiment, véritablement, p. 16, 21, 31, 116.

VUEIL (je), *1re pers. sing.* du prés. de l'indicatif du verbe vouloir, p. 130, 162.

VUEILLE, p. 111, 126.

Y pour IL., pron. de la *3e pers. masc. sing.*

   Y lui sembloit, p. 4.

TABLE.

INTRODUCTION : I. — Description du mss. de Saint-Pétersbourg. — Conjectures sur le nom de l'artiste chargé de l'enluminer. — Edition princeps du XVIᵉ siècle : comparaison du texte qu'elle fournit avec celui du mss. I

II. — Textes où l'auteur a pu prendre l'idée de son livre : le *Rosier des guerres*, les *Enseignements de saint Louis à sa fille*. — Texte et traduction de cet opuscule. — Ce que la Duchesse a emprunté au texte de saint Louis, ce qu'elle y a ajouté : autres écrits qu'elle a dû avoir sous les yeux. — Date probable de la composition de l'ouvrage XV

III. — Supplice d'un enfant livré en ôtage par son père, capitaine du château de Brest. — Caractère légendaire de ce récit. — Passage de Froissart qui en peut expliquer l'origine XXXV

Les Enseignements d'Anne de France. I

Extraict d'une Epistre consolatoire à Katerine de Neufville dame de Fresne sur la mort et trespas de son premier et seul filz 135

Extrait de l'inventaire des meubles estans en la maison de Mgr le duc de Bourbonnois et d'Auvergne estant en la ville d'Aiguesperce. 213

Inventaire des livres qui sont en la librairie du chasteau de Molins. 231

Introduction grammaticale. 261

Glossaire. 301

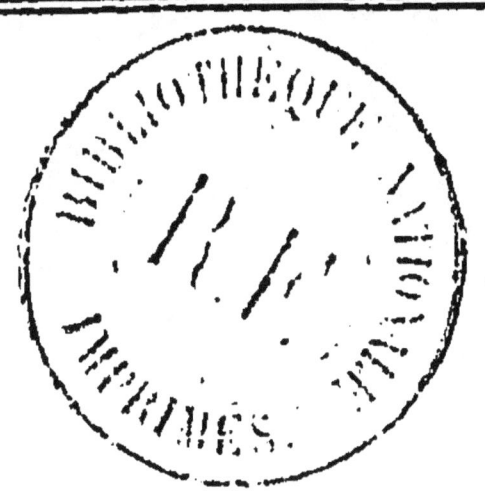

www.ingramcontent.com/pod-product-compliance
Lightning Source LLC
Chambersburg PA
CBHW060601170426
43201CB00009B/861